教育部人文社会科学研究青年基金项目（14YJC790179）资助出版

地方财政支出结构偏向的政治经济学研究

Difang Caizheng Zhichu Jiegou Pianxiang De Zhengzhi Jingjixue Yanjiu

郑尚植 著

中国社会科学出版社

图书在版编目（CIP）数据

地方财政支出结构偏向的政治经济学研究/郑尚植著．—北京：中国社会科学出版社，2014.12

ISBN 978 -7 -5161 -5258 -4

Ⅰ.①地…　Ⅱ.①郑…　Ⅲ.①地方财政—财政支出—政治经济学—研究—中国　Ⅳ.①F812.7

中国版本图书馆 CIP 数据核字(2014)第 297483 号

出 版 人　赵剑英
责任编辑　卢小生
特约编辑　林　木
责任校对　周晓东
责任印制　王　超

出　　版　中国社会科学出版社
社　　址　北京鼓楼西大街甲 158 号（邮编　100720）
网　　址　http：//www.csspw.cn
　　　　　　中文域名：中国社科网　　010 -64070619
发 行 部　010 -84083635
门 市 部　010 -84029450
经　　销　新华书店及其他书店

印　　刷　北京市大兴区新魏印刷厂
装　　订　廊坊市广阳区广增装订厂
版　　次　2014 年 12 月第 1 版
印　　次　2014 年 12 月第 1 次印刷

开　　本　710×1000　1/16
印　　张　11
插　　页　2
字　　数　190 千字
定　　价　35.00 元

摘　要

近年来，为增长而竞争的最大代价莫过于财政分权过程中地方公共物品供给效率的下降。为了追求任期内的“政绩最大化”，地方官员在财政支出安排方面表现出不同的关注，其行为取向通过财政支出结构就能得到最为直接且客观的体现。更令人担忧的是，实行分税制以来，地方财政支出结构一直处于系统性偏向，而且这种偏向并没有随着经济发展和体制改革而出现修正的迹象，相反继续保持着僵化的锁定状态。很显然，这种偏向状态对地方经济的良性发展和体制转轨的不断推进带来了严重危害。本书主要从乘数效应、挤出效应和马太效应三个维度刻画财政支出结构偏向对宏观经济所造成的消极影响。

基于以上认识，本书试图通过理论分析与实证研究来寻求造成地方财政支出结构偏向的原因。从宏观上说，我们研究的是中国式财政联邦主义所带来的分权成本；从微观上说，我们要做的工作是从内生性的角度去理解形成财政支出结构的内在机理。一方面，基于新古典经济学的研究视角，利用理论模型的分析使我们更加理解了财政竞争背后的经济机制和理论本质，从而厘清财政竞争和公共支出结构之间的内在联系。通过计量模型的实证检验发现，虽然目前我国不完善的转移支付制度和户籍制度在不同程度上影响了财政竞争的有效实施，从而导致公共支出结构的偏向，但是在长期中财政竞争对于改善公共支出结构是动态有效的。另一方面，从新政治经济学的视角出发，我们发现在中国式标尺竞争的推动下，地方官员自利行为是财政支出结构偏向的直接诱因：私人理性的放大造成了财政支出结构的偏向，公共理性的丧失导致了财政支出结构偏向的固化。如果把标尺竞争所带来的消极后果更一般化地理解，那么研究对象就是政府治理问题。通过论证，我们发现公共支出结构是由政府治理质量内生所决定的，而且政府治理、财政支出结构与经济增长三者之间存在着内在联系。

为了进一步改善地方政府的财政支出结构，我们必须从四个方面进行优化治理。首先，促进地方政府间财政竞争的有效实施。财政竞争的低效根源于现实的制度缺失。所以，如果能够进一步改革户籍制度使辖区间人口充分流动，那么有效的财政竞争就能使财政支出结构效率得到改进。其次，如果中央加大专项转移支付，就可以弥补地方政府财政支出结构的缺陷，从而保证公民享有最低公共服务。再次，改善地方政府的治理质量。我国已经由生存型社会向发展型社会转变，所以，一方面，政府必须充分重视人的全面发展，密切关注和满足社会成员的各种基本公共需求。为此，就需要政府转变治理模式，快速实现向公共服务型政府的转型，建立以公民为中心的地方治理；另一方面，中央也必须通过改进与完善晋升锦标赛机制才能真正实现地方官员的激励转型。最后，健全地方公共支出的监管机制。由于公共支出过程中经常出现信息不完全和信息不对称，由此造成委托—代理关系的存在。为了防止代理人的逆向选择与道德风险，有效的财政监督机制和增加信息披露的财政透明制度是实现财政公开、建立公共财政的有效途径。

本书共分七章。第一章对本书的研究对象进行界定，就相关的国内外经典文献进行评述，提出了本书的研究方法和具体思路。

第二章对1997—2009年地方财政支出结构进行了统计分析。

第三章从乘数效应、挤出效应和马太效应三个维度来刻画财政支出结构偏向对宏观经济所造成的消极影响。

第四章基于新古典经济学的研究视角，利用理论模型的分析使我们更加理解了财政竞争背后的经济机制和理论本质，厘清了财政竞争和公共支出结构之间的内在联系。

第五章从新政治经济学视角出发，我们发现在中国式标尺竞争的推动下，地方官员自利行为是财政支出结构偏向的直接诱因，从更一般化的理论分析，论证了公共支出结构是由政府治理质量内生所决定的。

第六章从促进地方政府间财政竞争、改善地方政府的治理质量和健全地方公共支出的监管机制三个方面来研究优化地方财政支出结构的治理机制。

第七章结合前面相关的理论和实证的研究结果，对优化地方财政支出结构和改善地方政府治理质量提出若干政策建议。

关键词：财政支出结构偏向　财政竞争　标尺竞争　地方政府治理

Abstract

In recent years, competition for growth of the biggest price than the fiscal decentralization in the course of the decline of the efficiency of local public goods supply. In order to pursue the term "growth maximization", local officials in financial expenditure arrangements exhibit different attention, its behavior through fiscal expenditure structure can be the most direct and objective embodiment. Much more worrying is that, since the tax sharing system, the structure of local fiscal expenditure has been a systematic bias, and this bias is not with economic development and system reform and the correct sign, instead continue to maintain a rigid locking state. Obviously, this bias state on the local economic development and system reform steadily brought serious harm. This article mainly from the multiplier effect, crowding – out effect and Matthew effect in three dimensions depict the fiscal expenditure structure bias to macroscopical economy caused by the negative impact.

Based on the above understanding, this article attempts through theoretical analysis and empirical research to seek the cause of local fiscal expenditure structure deviation reasons. From the macro point of view, we study the Chinese fiscal federalism bring decentralization cost; but, from microcosmic on, what we want to do is from internal point of view to understand the formation of the internal mechanism of fiscal expenditure structure. On one hand, based on the new classical economics perspective, using the theoretical model analysis makes us understand the financial competition behind the economic mechanism and theory of essence in order to clarify the financial competition and the intrinsic link between the structure of public expenditure. Through the measurement model of the empirical test, we find that, although in the present our country did not improve the transfer payment system and the household registration system in the different extent influence fiscal competition effectively thereby causing the public expenditure structure bias, but in the long run fiscal competition for the improvement of the structure of public expenditure is dynamic and effective. On the other hand, from the perspective of new political economics in China, we find that type of yardstick competition drive below, local officials self – interest behavior is the direct cause of fiscal expenditure structure bias: private rational amplification caused the fiscal expenditure structure bias, public rationality loss led to the fiscal expenditure structure bias curing. If the yardstick competition the negative consequences of more general understanding, so the research object is the government governance. Through the argumentation, we found that the structure of public expenditure by the government governance quality endogenously determined, and the government management, the structure of fiscal expenditure and economic growth between the three inner relations.

In order to further improve the local government fiscal expenditure structure, we must from the three aspects of optimizing management. First of all, the promotion of local government fiscal competition among the effective implementation. The causes of low efficiency of fiscal competition on the reality of the lack of system. So, if we can further the reform of census register system to administer interval population to flow, then the effective financial competition can make the structure of fiscal expenditure efficiency to be improved. In addition, if the central increase special transfer payment can make up local government fiscal expenditure structure, so as to ensure that the citizens enjoy the lowest public service. Secondly, to improve the quality of management of local government. Our country already from survival type society to the development of society, therefore, on one hand the government must pay full attention to the all – round development of people, pay close attention to and meet the social member' s basic public demand, therefore, it needs the government change management mode, quick to public service oriented government transformation, to build a citizen as the center of the local governance; on the other hand, central also must pass through the improvement and perfection of Promotion Tournament mechanism in order to realize the local officers transformation. Finally, the perfect local public expenditure supervision mechanism. As a result of public expenditure often appears in the process of incomplete information and asymmetric information, the resulting principal-agent relationship exists. In order to prevent the agent' s adverse selection and moral risk, effective financial supervision mechanism and increase the financial transparency information disclosure system is the realization of open finance the establishment of public finance is an effective way to.

This book consists of seven chapters. The first chapter, the subjects in the study were defined, and the related domestic and foreign classical literature review. Put forward the research methods and specific train of thought. The second chapter is the local fiscal expenditure structure bias on 1997 – 2009 investigation, local fiscal expenditure structure are analyzed. The third chapter, mainly from the multiplier effect, crowding – out effect and Matthew effect in three dimensions to describe the structure of fiscal expenditure bias to macroscopical economy caused by the negative impact. The fourth chapter is based on the research of new classical economics perspective, using the theoretical model analysis makes us understand the financial competition behind the economic mechanism and theory of essence in order to clarify the financial competition and the intrinsic link between the structure of public expenditure. The fifth chapter from the new political economics perspective, we found in Chinese type yardstick competition drive below, local officials self – interest behavior is the direct cause of fiscal expenditure structure bias, then from a more general theoretical analysis, discusses the structure of public expenditure by the government is endogenously determined by the quality of governance. The sixth chapter from promoting fiscal competition among local governments, improving local government management and improve the quality of local public expenditure supervision mechanism to study three aspects of optimization of structure of local fiscal expenditure management mechanism. The seventh chapter combining the relevant theories and empirical results, the optimization of structure of local fiscal expenditure and improve local government governance quality and puts forward some policy suggestions.

Key Words: The fiscal expenditure structure bias, Fiscal competition, Yardstick competition, The governance of local government

目　录

图目录

表目录

第一章　导论

第一节　选题的背景和意义

一　选题的背景

（一）“中国式分权”的收益与代价

20世纪90年代初，鉴于中国和俄罗斯等经济转型国家的经验现象受到广泛重视，许成钢、钱颖一、杰勒德·罗兰（Gerard Roland）以及政治学家巴里·温加斯特（Barry Weingast）等将早期财政联邦制的思想发扬光大，逐渐把财政分权的思想与地方政府的激励联系起来。根据他们的研究结论，中国特色的财政分权有效地促成地方政府间竞争，而且他们认为这是一个“趋好的竞争”。这种竞争使中国地方政府并没有像俄罗斯地方政府那样堕落为“攫取之手”，而是更多地发挥着“援助之手”。[①] 那么，与俄罗斯相比，为什么中国地方政府的行为取向会截然相反呢？通过考察中国政治体制，经济学家们发现地方政府主要不是对下负责，而是对上负责，在政治集权和政绩考核机制下，地方政府每年不仅要保证GDP的高增长（否则在政绩考核中被一票否决），还要根据GDP等指标排名，地方政府官员为了政绩，具有竞争GDP增长率的强大激励，从而形成了一种基于上级政府评价的“自上而下的标尺竞争”（张晏，2005）。这种“为增长而竞争”（张军，2005）的激励成为中国政府推动经济增长的动力源泉，它有助于转型初期的经济增长和资源配置。

很显然，钱颖一等人的财政联邦主义理论可以较好地解释中国分权式改革迄今所取得的成就，但是，这个理论更多地强调了中国分权式改革的

---

① 张军：《分权与增长：中国的故事》，《经济学（季刊）》2007年第10期。

好处，却没有分析分权式改革的代价。王永钦等（2007）认为，政治组织中的激励与经济组织中的激励相比有很大的不同，他们认为中国地方政府的激励模式与市场经济所需要的政府职能在本质上是不可能协调起来的：第一，政治组织委托人的偏好往往是异质的，而企业组织中股东的偏好基本上是一致的，即收益最大化。第二，与委托人偏好的异质性有关的是，政治组织一般是多任务的，除了效率和经济增长之外政治组织还需要追求社会公正、收入平等、环境保护、公共服务质量等目标。第三，与企业绩效易于找到同类企业作参照不同，政治组织的绩效难以找到一个可以参照的标准，所以地方之间的巨大差异也使得地方政府间的相互参照非常有限。第四，政治组织与经济组织不同，它在激励机制的设计方面更多地会采用相对绩效评估，而非绝对绩效评估。所以，目前中国治理地方官员的激励模式与有效的市场体制的培育有着内在的矛盾。换句话说，这种激励模式与一个良好的市场经济所需的政府“多任务”的职能之间存在严重冲突，使得行政与财政分权可能无法确保市场维护的持久的合理激励。[①] 因此，“趋好的竞争”和“趋坏的竞争”在中国是同时出现的，只是在经济转型的早期，来自分权的收益更大。但是，在经济转型和经济增长的后期阶段，分权的外部成本递增得更快了。

（二）分税制下地方财政支出的困境

1994 年的分税制改革，明显增强了中央政府的财政实力，使财政收入大量集中在中央一级，这必然导致地方财力的下降。首先，分税制并没有使地方财政收入有相应增加。因为地方税种虽然繁多，但多为税率低、征收难度大的税种，缺乏税源广、收入比重大的主体税种，从而导致地方财政收入少。其次，中央政府集中税权，占据收入分配的主动权。分税制将税收立法权、税率调整权、税种开征权、税收减免权集中于中央政府，地方政府只能被动执行，无权调整。尽管中央会通过转移支付的形式返还地方政府一部分财政收入，但是中央政府还是掌握了对于财政收入分配的主动权。

虽然中央通过分税制对财权进行了有利于自身的调整，但是对于中央与地方的事权却没有作出明确的划定，从而对地方财政支出产生了许多消

① 王永钦、张晏、章元、陈钊、陆铭：《中国的大国发展道路——论分权式改革的得失》，《经济研究》2007 年第 1 期。

极的影响。按照理想型的事权划分模式，中央事务由中央财政负责支出，地方事务由地方政府负责支出。但现实情况是本来由中央承担的事项，被完全将支出责任推给了地方政府，同时中央政府并未赋予地方政府相应的配套资金，这就是所谓的“中央请客，地方买单”。此外，应当由地方政府承担的事项，中央也承担了一部分，由于支出责任界定模糊不清，在财政支出过程中经常出现越位和错位现象，这不但造成了财政支出效率低下，也使得中央与地方之间总是处于激烈的讨价还价之中。因此，一旦公共服务职能在中央到地方政府间没有合理划分支出责任，公共服务职能就会层层下放，特别是支农、教育、医疗卫生等基本公共服务，在这些巨大的公共支出责任下，地方政府特别是基层政府由于缺乏明确、充足和规范的收入来源，在财政预算上普遍存在着收不抵支，最终导致公共服务支出的严重不足。

二　选题意义

近年来，为增长而竞争的最大代价莫过于财政分权过程中地方公共物品供给效率的下降。为了追求任期内的“政绩最大化”，地方官员对其所承担的经济、社会、文化等各项职责表现出不同的关注，其行为取向通过财政支出结构就能得到最为直接而客观的体现。在财政支出安排上，地方政府对能够很快促进经济增长的支出项目进行大量投入，而对科教文卫项目的支出则一再压缩，甚至采取了“甩包袱”的做法，进行了大规模的市场化改革，最终导致公民基本公共服务的供给不足。[①] 然而，更令人担忧的是，分税制以来，地方财政支出结构偏向一直呈固化状态。从理论上说，对于一个大国而言，实施财政分权体制的目的是利用地方政府之间的竞争提高地方公共品提供的效率。但是，中国式分权的典型事实表明，地方财政支出结构一直处于系统性的偏向，而且这种偏向并没有随着经济发展和体制改革而出现修正的迹象；相反，继续保持着僵化的锁定状态。很显然，这种偏向状态对地方经济的良性发展和体制转轨的不断推进带来了严重危害。

首先，增加了地方财政风险。在政治锦标赛的激烈竞争下，为了在短期内做出引人注目的政绩，地方官员就必须动员足够的资源，甚至突破已

① 傅勇：《中国式分权、地方财政模式与公共物品供给：理论与实证研究》，博士学位论文，复旦大学中国经济研究中心，2007 年。

有的预算选择主动负债，较少考虑政府负债和透支财政资金的长期后果，这肯定会累积地方政府的财政风险，当前已经出现了地方政府融资平台和债务危机问题。

其次，造成了中国目前经济发展的失衡。中国失衡的增长结构和需求结构在某种程度上可以说是财政体制、财政制度和财政政策内生的结果（李永友，2010）。因为对于一个政府主导型经济而言，财政支出结构反映的不仅是政府向公众提供什么样的公共服务，更反映了政府在整个经济社会中承担的职能和充当的角色。所以，财政支出结构是否偏向，不仅对宏观经济产生直接影响，而且可以透过财政支出结构的变化间接影响微观经济的波动。

最后，阻碍了经济建设型政府向公共服务型政府的转变。根据地方财政支出结构的统计分析，我们可以判断当前我国地方政府仍是“经济建设型政府”。在经济建设型政府的治理观念下，地方政府将其有限的财政资源大量用于经济建设时，势必会削弱公共物品的供给能力从而造成公共需求的短缺。我国正处于社会转型时期，开始由生存型社会向发展型社会转变，相应的，公民对公共服务的需求也呈现出不断增长的趋势。所以，政府必须充分重视人的全面发展，密切关注和满足社会成员的各种基本公共需求，为此，就需要政府转变治理模式，重新认识政府机构的时代特性，快速实现向公共服务型政府的转型。

正是基于以上几点考虑，本书试图通过理论分析与实证研究来寻求造成地方财政支出结构偏向的原因。从宏观上说，我们研究的是中国式财政联邦主义所带来的分权成本；从微观上说，我们要做的工作是从内生性的角度去理解形成财政支出结构的内在机理，具体地说，如何理解地方财政支出的目标冲突：以经济建设为中心还是以民生改善为导向？因此，通过研究地方财政支出结构的偏向，对公共经济学理论的推进与财政体制改革的实践具有重要意义。

第一，通过研究地方财政支出结构的偏向，我们可以更加深入地理解财政支出结构的形成机制。传统公共经济学只是从宏观的视角去看待地方政府的财政支出，所以，它们缺乏财政支出结构形成的微观基础。其实，财政支出结构是地方政府财政活动偏好的间接显示，所以研究财政支出结构偏向表面上是分析地方财政支出结构的现状，而实际上是考察地方政府及其官员的行为取向。

第二，通过研究地方财政支出结构偏向，为我们进一步理顺中央与地方的关系提供了依据。之所以财政支出结构呈现偏向状态，肯定是央地关系出现了“不和谐”，要么是财政体制不够完善，要么就是政治体制与财政体制产生了紧张关系。如果能够找到造成财政支出结构偏向的原因，我们就可以更加合理地界定中央与地方之间的财政模式。

第三，通过研究地方财政支出结构的偏向，为我们更加理性地看待财政分权和理解中国财政联邦主义的特殊性奠定了理论基础。财政分权虽然已成为一种世界趋势，但是，由于不同国家的政治和社会背景的异质性，我们必须全面考虑它的收益与成本。近年来，地方财政支出结构的偏向越来越凸显分权的成本，所以我们必须对下一步的分权化改革持谨慎态度。

第四，通过研究地方财政支出结构的偏向，为我们有效构建公共财政勾勒出了既符合理论条件又满足实践需要的路线图。虽然中共中央早就提出建立公共财政，但是各级地方政府的财政支出状况始终违背公共财政的基本原则，为此，有必要考量地方政府配置财政资源究竟是出于什么样的动机导致它们一直没有优化财政支出结构。只有这样，才能真正破除建立公共财政的各种体制性障碍。

第二节　地方财政支出结构的理论基础

一　地方财政支出结构：概念与界定

对于地方财政支出结构的界定，首先看理论界对财政支出结构是如何界定的。关于财政支出结构的概念，一种观点认为，财政支出结构是指国家财政资金的用途、使用方向、比例构成及其相互关系；另一种观点认为，财政支出结构是指财政支出总额中各类支出的组合以及各类支出在总支出中的比重。以上两种观点都表示财政支出结构是一种比例关系。何振一、阎坤（2000）指出，这种比例关系或组合状态只是一种现象状态，其实质是政府职能和政府政策的一个体现。[①] 所以，财政支出结构具有整体性，即财政支出的各个部分相互作用、相互影响，一部分支出的增加意味着另一部分支出的减少，我们必须从整体性视角去理解财政支出结构而

① 何振一、阎坤：《中国财政支出结构改革》，社会科学文献出版社 2000 年版。

不是单独考虑某一种财政支出。本书试图从两种视角去理解财政支出结构，如果从新古典经济学出发，财政支出结构可能仅仅反映了公共产品的供需关系。公民作为消费者，通过交税购买自己所需的公共产品；而政府作为供给者，根据公民的显示偏好来提供公共产品。一旦公共产品的供给结构与需求结构不相匹配，这就意味着财政支出结构出现了偏向。然而，我们说，新古典经济学对于财政支出结构的理解过于理想化，它忽略了财政资源配置的制度基础。在现实中，地方政府及其官员控制着财政资源的配置方向，他们可能为了自身利益最大化而人为地偏向财政支出结构，所以又必须从新政治经济学的视角去考察地方官员的行为取向，从而理解财政支出结构的形成机制。

在理论研究上，政府支出一般分为生产性支出和非生产性支出。从字面上理解，生产性支出是一种社会积累过程，有益于提高社会生产能力和经济增长速度，而非生产性支出纯粹是一种财富消耗。因此，这一种分类法暗示着政府应该尽量提高生产性支出的比重。但是，经济学界不同的学者对于具体的划分存在着争论。格瑞尔和塔洛克（1980）把教育和国防支出看作是非生产性支出。相反，巴罗（1990）对非生产性支出所下的定义为：公共支出总额减去政府用于教育和国防支出，因为教育和国防支出更像公共投资，它们对私人部门的生产率产生正的影响。另外，为了更方便地研究财政竞争与财政支出结构的关系，根据基恩和马钱德（Keen and Marchand，1997）的界定，把政府公共支出划分为两类：一类是进入辖区居民效用函数的公共服务支出（public good），另一类是进入企业生产函数的公共投入支出（public input）。其中，公共投入支出主要指基础设施、交通和运输、企业研发投入和城市维护等有助于改善投资环境方面的支出，而公共服务支出主要包括用于满足辖区居民福利要求的科学技术、教育、医疗卫生和社会保障等方面的支出。而邹恒甫（1998）对划分生产性支出和非生产性支出的传统做法不满意。在他看来，哪类属于生产性支出，哪类属于非生产性支出，应该有更严格的理论基础。所以，哪类政府支出能够促进经济增长，哪类妨碍经济增长，也应该由数据说话，通过严格的实证研究方法，他得出结论，一项公共支出是生产性还是非生产性的，取决于该项支出在总支出中的相对稀缺程度。本书对财政支出结构的理解基本上与邹恒甫的思想一致。更进一步地，我们认为，不能仅仅依据经济增长的标准来评价财政支出结构的合理性，只有立足于经济、政治和道德三重维度才能真正实现财政支出的优化配置。

从统计数据上，一般可以通过政府对财政支出的具体分类来界定财政支出结构。根据历年地方财政支出统计，按财政支出用途分，地方财政支出包括以下几个方面：基本建设支出、挖潜改造支出、地质勘探费、科技三项费用、流动资金、支持农村生产支出、农业综合开发支出、农林水利气象等部门事业费、工业交通部门事业费、流通部门事业费、文体广播事业费、教育事业费、科学事业费、卫生经费、税务部门的事业费、抚恤和社会福利救济费、行政事业单位离退休经费、社会保障补助支出、国防支出、行政管理费、外交外事支出、武装警察部队支出、公检法司支出、城市维护费、政策性补贴支出、支援不发达地区支出、土地和海域开发建设支出、专项支出、其他支出。本书将财政支出划分为基本建设支出、民生支出（包括教育、医疗与卫生）、科技支出、农业支出和行政管理支出，通过五大类支出占地方财政支出的比重来讨论地方财政支出结构的现状，从而研究如何优化地方财政支出结构。

二　地方政府的角色与责任[①]

有关政府模型以及地方政府的角色和责任的分析视角一般有四种：(1) 传统财政联邦主义；(2) 新公共管理（NPM）；(3) 公共选择；(4) 新制度经济（NIE）。联邦主义和新公共管理的视角主要关注市场失灵以及如何有效而公平地提供公共物品。公共选择和新制度经济学的视角关注政府失灵。

（一）地方政府是中央政府的补充：传统财政联邦主义视角

财政联邦主义理论将地方政府视为多层体制当中的一个下属层级，并提出了界定不同层次政府的角色和责任的原则。由此可以看出，在大多数联邦国家，如加拿大和美国，地方政府与高层是州政府的延伸（双层联邦体制）；另外一个特例是瑞士，地方政府是主权的主要来源，与联邦政府相比拥有更重要的宪法地位。因而，依据地方政府的宪法和法律地位，联邦制国家中的州政府承担的对地方公共服务的监管权限亦有所不同。在这些国家，公共服务产品可以由公共提供，也可以由私人提供，这由地方或区域政府自由决定。除纯粹的地方性公共服务如消防以外，其他公共服务的供给责任都可以依据这些原则由各方分担。将公共服务的供给责任分

① ［美］安瓦·沙：《发展中国家的地方治理》，清华大学出版社 2011 年版，第 5—19 页。

配给地方政府或城市政府或区域政府取决于多种因素，如规模经济、范围经济（地方公共服务的合理匹配，目的是通过信息和协作经济促进效率，并通过选民参与和费用补偿增强可问责性）以及费用与收益的外溢，与收益人的接近程度、消费者偏好以及支出结构的预算选择。服务具体分配到政府的哪层级决定了公共服务以公共方式还是以私人方式生产，当然还必须兼顾效率与公平。

（二）地方政府作为创造公共价值的独立推动者：新公共管理的视角

新公共管理文献认为，公民是委托人，又扮演多种角色，如治理者（所有者—授权者、投票人、纳税人、社区成员）、积极的生产者（服务提供者、合作生产者、迫使他人行动的自助者）以及消费者（顾客和受益人）。在此背景下，强调的是政府作为人民的代理人服务公共利益和创造公共价值，穆尔（Moore，1996）将公共价值定义为社会结果或生活质量的可度量的改善。这一定义与地方和市政服务直接相关，可以度量这些服务的改进，而且还可以在某种程度上了解原因。这一概念还有助于我们评估地方资源使用中的冲突和复杂的选择。该定义也有利于界定政府，尤其是地方政府的角色。它引发了一场争论，即除了提供基本的市政和社会服务外，公共部门究竟是排挤了私人部门还是私人部门获得成功创造了条件。穆尔（1996）认为，与其说是从私人部门中转移资源，毋宁说地方政府更愿意使用一些免费的资源，如同意、善意、好人、好事、社区精神、服从以及集体行动。这一论点表明，地方政府中公共管理者的职能就是利用这些免费的资源并突破有限的地方收入的限制而不断拓展良好社会结果的边界。[①] 因而，公共管理者通过动员和推动地方政府之外的各种供给者而创造价值。民主责任确保管理者与地方居民的广泛共识为基础选择公共价值的创造。因此，地方公共部门应不遗余力地致力于尊重公民偏好和对公众负责，这种致力于创造公共价值、鼓励创新和试验的环境，受到各社区中选民风险容忍度的限制。

（三）地方政府作为追逐自身利益的组织：公共选择的视角

布雷顿（Breton 1995）将政府分为两大类：第一类遵循公共利益的原则，第二类则维护统治精英的自身利益。第二类政府可采用整体或混合制的结构。在整体制结构中，地方政府受官僚和利益集团的俘获。同时，

---

① Moore，Mark，1996，*Creating Public Value.* MA：Harvard University Press.

地方政府会使主导性利益集团的经济利益最大化（如利维坦模型）或推行强迫或强制。如果自利模型采用混合制结构，则可能鼓励地方政府之间的蒂伯特式竞争。[①] 公共选择文献信奉政府是追逐自身利益的，认为在政策制定和执行的过程中，各利益相关者都希望寻求机会并利用资源以实现自身利益。该观点对地方政府组织的设计有重大意义。由于地方政府是为公众利益服务的，因而必须在税收和支出方面拥有完全的自主权，而且必须参与政府内外的竞争。没有这些前提，地方政府将是无效的，且对市民的偏好缺乏回应性。贝利（Bailey 1999）主张加强地方治理中的退出和呼吁机制，以克服由公共选择的自利原则导致的政府失败。他认为，通过广泛的竞争而放松公共服务供给层面的限制将会增加选择机会，并能促进退出机制的形成，直接的民主供给将增强呼吁机制。[②]

（四）地方政府如同失控的火车：新制度经济学

新制度经济学为分析财政体制和地方授权以及地方治理机制的比较提供了框架。该框架有助于设计政府层级体制以及从更广阔的地方治理的视角界定地方政府的责任。根据新制度经济学提供的框架，政府层级的设置服务于作为委托人的公民的利益。管辖权的设计应该确保机构服务于公共利益，同时使委托人的交易费用最小化。现行的制度框架无法实现这种最优化，因为委托人只有具备有限理性。也就是说，他们根据已有的信息做出最佳选择，但对政府的运作情况知之不多。扩大知情范围会带来高昂的交易费用，而这又是公民不愿意承担的。这些费用包括参与和监督费用、立法费用、行政决策费用、代理费用或确保代理人遵守契约的费用以及与不稳定的政治体制相关的不确定性费用。与委托人相比，代理人（各级政府）更了解政府运作，但他们倾向于隐瞒信息和沉迷于机会主义行为或不正当地追逐自身利益。因而，委托人与代理人之间的契约是不完整的。这种情形引发了承诺问题，因为代理人有可能违背契约。

三 财政支出配置的基本原则

为了满足公共需要和弥补市场失灵，政府手中掌握着大量的财政资源，即通过强制性税收所获得的财政收入。而财政资源配置的具体实施就

---

① Breton, Albert, 1995, *Competitive Government*. Cambridge, U. K.: Cambridge University Press.

② Bailey, Stephen, 1999, *Local Government Economic: Theory, Policy, and Practice*. Basingstoke, U. K.: Macmillan.

是政府通过财政支出的分配活动向纳税人提供公共物品和服务。然而，对于政府来说，财政支出的具体配置是一件非常具有挑战性的工作。一些文献已经证明：相对于生财、聚财来说，政府的用财效率往往很低。也就是说，通常情况下，政府不知道该如何花钱。因此，政府的财政支出配置就显得尤为重要。一方面，如果财政支出配置不当，那么整个社会的资源配置就会处于低效率，这将对整个宏观经济的运行造成不良影响；另一方面，如果财政支出配置出现问题，那么公民将无法获得充足的公共产品，最终制约社会的长期发展。从大量的研究文献中，我们可以看到经济学、社会学、政治学和伦理学各个领域的著名学者从不同角度去剖析作为拥有合法性权威的政府部门在配置公共资源时应该遵循的基本原则。

（一）效率性原则

经济学的基本原理告诉我们，市场机制能够在大多数范围内发挥极为重要的和基础性的资源配置作用，却并不等于在任何场合和领域它都能有效地发挥这种作用，一旦市场运行无法获得充分竞争这一条件，市场机制对于社会资源的配置将是无效或低效的，此时就会产生“市场失灵”。公共物品正是由于其非排他性和非竞争性而无法通过市场机制获得有效配置，最终的解决办法是依靠政府的力量介入和干预来直接配置社会资源。因此，政府财政活动的首要任务就是确保由于自身的介入而引起的社会资源配置的效率性，或者说必须克服“市场失灵”，从而确保社会资源的配置处于帕累托有效状态。现代财政学之父马斯格雷夫（1959）在他的经典著作《财政学原理》中对政府如何配置资源和满足各种社会需求进行了深入的分析。过去，英美国家的经济学家大多喜欢研究价格行为、供给和需求的互动关系等，他们认为，政府发挥的是次要作用，只是当市场失灵时才需要政府来弥补缺口。而马斯格雷夫认为，政府有重要的经济作用，他研究出来了一种新的收支理论，认为许多商品和服务最好由政府提供，并提出了财政的三大职能：资源配置、收入分配和宏观经济稳定。①从某种意义说，正是由于西方经济学出现的“边际革命”改变了人们对政府的理解及其提供相应公共服务的传统看法，并逐渐为以后形成现代公共财政奠定了理论基础。边际效用价值论从经济学的核心原理上解释和论

① Musgrave, R. A. and P. B. Musgrave, *Public Finance in Theory and Practice.* New York: McGraw - Hill Book Company, 1973.

证了：首先，政府以自己的活动向社会与公众提供的无形服务，是一种公共产品，与私人产品一样具有价值。其次，尽管它不是经市场交换，而是通过税款缴纳索取其价格的，但是，从根本上看，还是信守和遵循了“等价交换”这一市场经济的基本准则，这如同两个私人在市场交换中双方的相互关系和地位一样。再次，尽管它是一种政府通过自身的政治程序所安排的活动，但它从根本上看，仍然从个人主义出发，公共服务的提供以私人需要为立足点。最后，尽管公共经济是以非市场的方式进行活动的，但公共产品供应上的资源配置仍然是要从根本上遵循市场效率原则。①

因此，边际效用价值论被运用于公共财政分析之后，就使得有效配置资源的私人经济原则也开始运用于公共经济活动了。这样，整个社会的资源配置，从根本上看也都应该遵循统一的市场效率准则去进行，使得政府财政支出从根本上由市场效率准则来决定。尽管公共财政与私人经济有着不同的运行方式、活动主体与对象、活动范围与特征等，但是，由于两者在价值、私人需要与效率原则上的根本一致性，因而两者构成了统一的有机经济整体。

（二）公共性原则

首先，公共性是政府财政活动的本质属性。从资源配置的效率角度来看，长期以来，公共物品只能由政府供给，市场方式即通过私人供给公共物品是无法达到帕累托效率所要求的最佳水平。此外，公共物品的生产一般具有规模大、投资高、周期长等特征，私人不愿或无法提供，由此导致公共物品供给严重不足。由于竞争性的市场不可能自发地提供公共物品，而公共物品往往是增进社会福利所不可或缺的，再加上公共物品自身的特性决定了政府必须通过财政活动提供公共物品。

其次，规避公共风险是政府财政活动存在的价值。在市场经济社会，市场机制虽然能够有效地配置资源从而消除私人风险，但是有许多公共风险，诸如公共秩序混乱和公共服务短缺等，只有靠政府的财政活动才能得到化解。所以，公共风险是政府公共支出存在的深层次原因，它使公共支出有了终极存在的合理性和必要性。

最后，实现公共利益是政府财政活动的终极目标。人类社会发展历史

① 张馨：《公共财政大纲》，经济科学出版社1995年版。

上曾经先后出现过各种类型的政府财政模式，它们要么明显带有较强的君王个人色彩，财政支出主要服务于君王的专制统治而非社会公共利益；要么就是统收统支，看似公共属性明显，其实很难真正满足社会公众的公共需要。而适应现代市场经济所构建的公共财政体制具备真正的公共性，也就是说，政府财政支出以满足社会公共需要为主旨，无论是从其财政目标、财政结果还是财政过程来看，公共利益至上是一切政府财政活动的根本出发点和最终归宿。①

根据以布坎南为代表的公共选择学派的理论，政府官僚机构及其官员并不总是克己奉公，充当老实本分的公仆，他们也是在政治市场中逐利的“经济人”，社会福利最大化也许并不是他们关心的目标。更多的时候，政府部门及其官员为了追求个人利益具有一种内在的“扩张逻辑”，即政府大量预算用于行政人员的管理费用，从而提高他们的薪金、福利和津贴，造成政府规模的不断扩大，浪费了稀缺的财政资源，最终减少了用于公共福利的支出比例。与此同时，大权在握的政府官员极有可能通过寻租活动导致财政资源的配置扭曲，他们受利益集团非法提供的金钱或其他报酬引诱，在财政支出安排过程中做出有利于利益集团从而损害大多数公民利益的行为，最终妨碍了公共政策的制定与执行，成为政府失灵的一个重要来源。

为了体现财政支出的公共性，公共物品的提供和生产必须借助政治程序转化为集体活动才能实现。那么，通过什么样的途径才能显示个人对公共物品的不同偏好呢？公共选择理论认为，在当今的民主政治体制下，投票是公共领域里由个人偏好导向公共偏好的最好机制，公共物品的需求决定以及其他政府公共活动，无一例外地都要通过投票才能最终得出结果。

（三）平等性原则

市场经济是由无数的个人和企业的交换活动所组成，它们形成了大大小小的集团、阶层，分属于不同的行业、部门和地区。这种情况下，政府的公共财政应该为社会成员和市场活动主体服务，而不是有区别地进行的，即优惠某些集团、某些阶层或者某些个人，而歧视另一些集团、某些阶层或者某些个人。我们说，财政的公共性必须是要求无区别地进行的，即对社会所有成员都一视同仁，而不管经济成分如何，不管其性别、种

① 汪洋：《公共政府的内涵解读》，硕士学位论文，南京农业大学，2008 年。

族、职业、出身和户籍，只要他们遵守国家法律，守法经营，依法纳税，政府就不应该也无权歧视他们，公共财政的支出安排也不应该对之区别对待。换句话说，同样的经济行为，不管其行为主体的身份地位如何，公共财政都应该按照统一标准对待。为此，要确保政府服务的一视同仁，就必须具体体现在公共支出的安排和使用上。这就要求政府的支出必须着眼于所有的市场活动主体，而不是只考虑某一个经济成分，或者阶层，也就是直接以社会利益和公共需要为目的来安排公共支出。反之，如果政府的支出只是偏向一部分人的利益，那么这种支出就不是公共支出。总之，在市场经济下，如果政府的财政支出安排不符合一视同仁的原则，就否定了等价交换的准则，实质上也就等于否定市场经济的本质。

另外，平等待人是财政伦理的价值取向。财政的伦理道德主要泛指在财政实践活动中，财政行为规范的内在标准和外在评价，这主要包括与财政分配相联系的伦理观念、价值标准、行为准则、道德规范和行为方式等。作为社会伦理道德的组成部分，财政伦理道德从属于社会伦理，并具备与社会伦理本质的一致性。由于社会物质生活实践的千差万别，在人类历史上形成了种类多样的财政伦理道德。即使是同一种伦理道德观念，在特定的历史阶段也包含着特定的内涵和要求，并最终产生不同的分配导向、分配规则和分配政策。财政伦理道德在呈现出差异性的同时，也体现出一定的相似性，并形成了一些基本的伦理道德。① 其中财政分配的平等待人是支持财政伦理目标的首要原则。关于平等待人，在道德哲学的意义上，是个人在对待自己的利益与周围其他人的利益方面抱着一视同仁的态度。其实，它也是一种规范性的经济哲学、政治哲学和法哲学，是对人类社会诸领域公平原则做出的统一表述。之所以需要坚持平等待人原则，最根本的原因在于它是实现集体目标的必要条件，即如果平等待人原则在各方面都得到了切实的贯彻和执行，那么，集体的利益就得到了实现。因为在平等待人的利益分配环境中，集团选择过程中阻碍资源有效配置的问题能够得到有效解决，集体就会呈现理性的特征：个人对于自我利益的追求会一致选择集体利益所要求的社会状态。②

---

① 陈龙：《财政伦理道德基础和价值取向》，《经济研究参考》2010 年第 53 期。

② 曾军平：《自由意志下的集团选择：集体利益及其实现的经济理论》，上海格致出版社 2009 年版，第 224—225 页。

第三节 文献综述

一 分权竞争与财政支出结构的相关讨论

（一）国外研究文献

第一代财政分权理论（First Generation Fiscal Federalism，FGFF）以供给、需求的市场供求关系为分析框架，强调地方政府为吸引流动性要素而展开激烈的竞争。选民会根据自身的偏好和需求选择公共产品的组合，地方政府在提供各管辖区内的公共产品时会尽力讨好选民从而引发地方政府的竞争。蒂布特模型中（1956）"用脚投票"理论表明，个人可以通过选择居住地来表达其对地方公共品供给的偏好，并用这个机制来有效地显示地方公共品的供给效率。通过居民"用脚投票"，对地方政府形成强烈激励，增强地方政府之间相互竞争，使地方公共品供给效率得到提高。① 奥茨（1972）对于分权合理性的阐述可以归结为"分权定理"。分权定理建立在选民偏好的差异和中央政府等份供给公共品的假定上，在此前提下，如果地方政府能够和中央政府一样提供同样的公共品，那么由地方政府来供给更好。奥茨的分权定理实际上还暗含着一个前提，就是选民的流动性带来的政府间竞争，如果居民的流动性受到限制，地方政府就没有足够的动力供给帕累托最优产量，正是由于选民可以流动，一旦地方政府不能满足选民的要求，选民就可以迁移到自己满意的地区，那么地方政府为了吸引选民，就会相互竞争以满足选民的需求，从而达到帕累托最优。②

基恩和马钱德（Keen and Marchand，1997）最早在其文章中研究财政竞争与公共支出结构的关系，根据受益对象他们把公共支出划分为两类：一类是进入辖区居民效用函数的公共服务支出（public good），比如休闲设施或者社会服务事业等；另一类是进入企业生产函数的公共投入支出（public input），比如说基础设施或者科技研发等。通过理论模型的构建和分析，他们证明了"支出结构的系统性偏向"，即在整个公共支出中，花

① Tiebout，Charles，1956，A Pure Theory of Local Expenditures. *Journal of Political Economy* 64：431 –455.

② Oates，Wallace，1972，*Fiscal Federalism.* New York：Harcourt Brace Jovanovich.

费在公共投入上太多，而花费在消费者能够直接受益的项目却很少。[①] 在实证检验方面，黑尼斯·温纳（Hannes Winner，2004）利用1970—1997年经合组织国家的固定效应面板数据，把财政竞争作为内生性的工具变量，计量结果证实了KM模型的理论假说。随后，在KM模型的基础上，Rainald Borck（2006）对其进行了进一步拓展：生产函数由流动资本、流动熟练劳动力、不流动的非熟练劳动力和土地四种生产要素组成。政府同时对资本和劳动力征税，不同种类的劳动力受益于不同的公共服务。通过理论与模型分析，结果发现：辖区政府倾向于把更多的公共服务支出用于流动熟练劳动力，而把更少的公共服务支出用于不流动的非熟练劳动力，而且在资本与劳动力呈强互补时，这种激励更加明显。

但是，由于KM模型存在着许多假设前提，比如说劳动力不能流动，所以他们只是在短期内和静态上来分析财政竞争与公共支出结构的关系。自从Matsumoto（2000）研究了劳动力自由流动情况下财政竞争对财政支出结构的影响之后，经济学家开始从动态和一般均衡的宏观视角来重新认识财政竞争和公共支出结构的内在联系。一旦把财政竞争置于一般均衡的视角之下，辖区政府为了在短期内快速发展经济，可能会在公共支出方面偏向资本。但是这种偏向只是暂时的，因为资本生产力的提高会越来越依赖劳动力的互补，为了实现可持续的经济增长，地方政府必须在公共支出上给予劳动力平等的地位，从而被迫调整财政支出结构，以顺应经济增长的内在规律。[②]

（二）国内研究文献

乔宝云（2005）通过与西方主流的财政分权理论和实践比较，认为中国特殊的国情决定了财政分权的不合意结果，即委任制、人口的流动不完全、资本要素的稀缺性等因素导致地方政府对当地公众需求的忽视，而对流动性强的资本要素却表现出强烈兴趣。尤其是人口流动障碍及其地区性差异导致地方政府行为向追求资本投资与经济增长率方向转变，导致各地区激烈的财政竞争并相应挤占了义务教育等外部性较强的准公共产品性质

---

① Keen, M. and M. Marchand (1997) Fiscal competition and the pattern of public spending. *Journal of Public Economics* 66, 33 – 53.

② 郑尚植：《财政竞争与地方政府的公共支出结构：基于国内外文献的一个思考》，《云南财经大学学报》2010年第6期。

的财政支出。[①] 张恒龙和陈宪（2006）通过计量检验，地方政府为了吸引外商直接投资，把有限的财政资源用在有利于改善投资环境的基础设施建设中，从而间接地压缩了公共服务支出。特别是对于贫穷地区的地方政府而言，税收优惠对财政支出的影响更加明显，为了保证有利于改善投资环境的支出，对公共服务支出的挤占更严重。[②]

最近，国内少数学者开始运用空间计量经济学模型研究中国地方政府间财政竞争对财政支出结构的影响。李永友和沈坤荣（2008）发现，经济建设支出在1995年没有显著的策略互动，而在2005年则具有了显著且稳健的策略互补；文教卫生支出在1995年存在策略替代但不稳健，而在2005年显著的策略互动消失了。[③] 李涛和周业安（2008）利用1999—2005年中国省级面板数据研究发现，各省份人均实际本级财政支出总量和行政管理费支出表现出显著的策略替代特征，而各省份人均实际基本建设、教育、科学、医疗卫生、预算外等支出都表现出显著的策略互补特征。此外，各省份人均实际本级财政支出总量、基本建设和行政管理费支出都表现出显著的时间上的路径依赖特征。[④] 郭庆旺和贾俊雪（2009）运用空间计量模型考察我国省级政府在财政支出政策方面的策略互动行为、形成机制及其对经济增长的影响，研究表明，1986—2006年，我国地方政府在财政总支出（包括预算内和预算外支出）、各类支出项目（包括经济性、社会性和维持性支出）方面存在显著的策略互动行为，财政竞争机制在其中发挥了重要作用。[⑤] 王美今（2010）通过设定能刻画空间交互性反应特征的空间面板计量模型，对地方政府财政竞争的这两种行为特性进行识别，研究显示，地方政府在基本建设支出和科教文卫支出方面均表现出相互模仿的策略互动，但是中央政府的科教文卫支出政策未能对地方

① 乔宝云、范剑勇、冯兴元：《中国的财政分权与小学义务教育》，《中国社会科学》2005年第6期。

② 张恒龙、陈宪：《财政竞争对地方公共支出结构的影响——以中国的招商引资竞争为例》，《经济社会体制比较》2006年第6期。

③ 李永友、沈坤荣：《辖区间竞争、策略性财政政策与FDI增长绩效的区域特征》，《经济研究》2008年第5期。

④ 李涛、周业安：《财政分权视角下的支出竞争和中国经济增长：基于中国省级面板数据的经验研究》，《世界经济》2008年第11期。

⑤ 郭庆旺、贾俊雪：《地方政府间策略互动行为、财政支出竞争与地区经济增长》，《管理世界》2009年第10期。

政府产生强而有力的影响。①

二 地方政府行为与财政支出结构的相关研究

（一）国外研究文献

近年来，以钱颖一、温格斯特为代表的经济学家将信息经济学的分析框架引入财政理论研究。他们从非对称信息出发，强调激励相容和机制设计，在传统分析框架下引入了新的分析方法，在此基础上逐步形成了第二代财政分权理论（Second Generation Fiscal Federalism，SGFF），即"市场维护型财政联邦主义"（market - preserving federalism）。② 随着第二代财政分权理论研究的深入，越来越多的经济学家发现，政府间竞争只能限制并不能消除公共品供给的低效率现象。Ruben 和 Zhuravskaya（2004）的近期研究也表明，在缺乏地方政府问责制的情况下，高强度的经济激励反而容易导致政府官员的腐败、省级政府保护主义和被既得利益集团所俘获。③ 可见，第二代财政分权理论下的公共品供给着重于解释财政分权的机制，特别是对于财政分权实施主体的微观基础——政府官员的行为进行了比较深入的研究。官员与企业经理人类似，如果没有相应的约束机制，同样会进行寻租行为，进而影响包括公共品供给在内的所有公共决策，而如何设计出对其激励相容机制就成为关键。因此，第二代财政分权理论下的公共品供给的立足点就是好的市场效率来自好的政府结构，通过市场效率提供支持性的政府系统，在构造政府治理结构时考虑相应的激励机制，有助于形成地方官员的利益与公共利益相一致的经济激励和政治激励，只有在这样的财政分权体制下，才能使得中央和地方政府各司其职，为解决有效率的公共品供给创造条件。④

对政府行为的有关分析可以大致分为两个阵营。其中一个阵营强调政府的公共利益，刻画了政府可以提高公民生活的活动范围，是福利经济学视角下的现代国家理论。政府可以通过界定产权和司法判断为市场经济体

① 王美今、林建浩：《中国地方政府财政竞争行为特性识别："兄弟竞争"与"父子争议"是否并存?》，《管理世界》2010 年第 3 期。

② Qian，Yingyi，and Barry R. Weingast，1997，"Federalism as a Commitment to Preserving Market Incentives". *Journal of Economic Perspectives*（Fall）11：83 -92.

③ Ruben，Enikolopov and Ekaterina V. Zhuravskaya，Decentralization and Political Institutions. Centre for Economie Policy Research（CEPR）Working Paper，2004.

④ 丁菊红、邓可斌：《政府偏好、公共品供给与转型中的财政分权》，《经济研究》2008 年第 7 期。

系提供制度基础，对于那些私人行为不能内化的外部性进行规制。另外，政府还应对有关社会群体在资源分配上予以照顾。另一极端的阵营侧重于强调政府的自利属性。该阵营认为，政府主要着眼于凭借税收权利去寻租，而寻租过程最终会引发私人部门投入大量的非生产性努力去影响政府，这意味着政府将有可能牺牲民众的利益来满足有势力的利益群体。这种观点指出，甚至政府在执行必要的公共职能时，都会受这种高度组织化利益群体的影响，政府官员都可能收受贿赂而很大程度上牺牲公民利益。贝利（Bailey，1999）从公共经济学的视角提出了四种地方政府财政支出的行为模型。①仁慈暴君模型：地方政府了解居民的福利需求，并力争实现居民福利最大化；②财政交换模型：地方政府提供的服务与地方居民的支付意愿相一致；③财政转换模型：地方政府致力于提供公共服务以实现社会目标；④利维坦模型：地方政府被追逐自身利益的官僚和政治家俘获，这一模型与公共选择的视角相一致。

美国经济学家施莱弗和维什尼教授（2004）通过观察俄罗斯与东欧的经济转型过程，从政府治理视角总结出了看待政府的三种视角，分别是："看不见的手"模型、"扶持之手"模型和"掠夺之手"模型。所谓"看不见的手"模型最早可以追溯到亚当·斯密，它是关于政府的自由放任的传统模型。[①] 施莱弗和维什尼认为，"看不见的手"模型几乎没有一个像样的政府理论，该模型的出发点是市场运转良好，无须任何政府干预，政府所能做的仅仅是执行一些市场经济赖以运行所必需的基本职能。而"扶持之手"模型是在第二次世界大战之后各地出现了大规模政府干预思潮的背景下提出的。根据"扶持之手"模型，不受约束的自由市场会导致诸多弊端，所以政府干预的目的是为了纠正市场失灵。"扶持之手"的政府模型在本质上还是一个规范性模型，它描述了福利最大化的政府应该做什么。随着公共选择理论的兴起，发展出了对于政府的第三种看法："掠夺之手"模型。该模型的出发点源于如下的政治行为模式：政治家们的目标并不是社会福利的最大化，而是追求自己的私利。所以，与"看不见的手"模型一样，"掠夺之手"模型对政府持怀疑态度，但是，它更加准确地描述了政府实际的所作所为，因此在设计改革方案时更具有

① Shleifer, Andrei and Robert Vishny, 1993, "Corruption". *Quarterly Journal of Economics*, 108, 599 - 618.

建设性。①

（二）国内研究文献

傅勇和张晏（2007）在中国式分权的背景下讨论了地方政府支出结构偏向的激励根源，并利用1994—2004年的省级面板数据对我们的推断进行了实证检验。他们的主要结论是，中国的财政分权以及基于政绩考核下的政府竞争，在支出结构上造就了地方政府“重基本建设、轻人力资本投资和公共服务”的严重扭曲；官员的晋升激励压力才是问题的关键；同时，我们还发现，地方政府的支出结构扭曲并不会随着经济发展而自动得以纠正。这表明，只要中国式分权的激励结构不变，地方政府就没有内在动力提升在教育和公共服务上的支出比重，一些意愿良好的政策就缺乏“自动实行”的机制。②

李婉（2007）同样认为，在上级政府对下级政府拥有人事任免权，并以GDP的增长作为考核标准的政治体制下，我国的财政支出分权导致地方政府偏好于经济建设支出和除文教科卫之外的其他部门事业费的支出，而最能反映一个地区居民需求的科教文卫支出则无疑被忽视，甚至被其他支出所挤占。因此，如果要纠正我国地方财政的这种支出结构的偏向。显然，在分权体制下，我们必须改变我国地方政府所面临的激励，在对地方所制定的晋升机制中，转变GDP的考核方式，使居民利益的实现和提高成为考核地方政府工作的标准，同时，“用脚投票”的激励在我国也可以发挥更大的作用。③

朱红琼（2008）假定地方政府是“仁慈型”政府的前提下，通过实证分析得出地方政府支出存在结构偏向，重视基础设施建设而轻科教文卫等支出。接着，从中央与地方之间的激励合同出发，分析在“经济人”假设下，地方政府的行为受激励机制的影响，从追求“社会合意”型向追求“中央合意”转变。而这一转变带来的则是公共品供给效率损失，某些公共品提供不足，而某些公共品供给过度等后果。④

① 刘剑雄：《财政分权、政府竞争与政府治理》，人民出版社2009年版，第34—38页。

② 傅勇、张晏：《中国式分权与财政支出结构偏向：为增长而竞争的代价》，《管理世界》2007年第3期。

③ 李婉：《财政分权与地方政府支出结构偏向：基于中国省级面板数据的研究》，《上海财经大学学报》2007年第5期。

④ 朱红琼：《地方政府财政支出结构偏向研究》，《商业时代》2008年第22期。

龚锋和卢洪友（2009）则利用1999—2005年中国内地地区28个省面板数据，联立估计了教育支出等7类公共支出的需求函数，同样发现，在现有的政绩考评机制下，居民对公共服务的满意度无法成为官员晋升的主要依据，由此便形成一种负向的激励效应，引导地方官员在财政资源总量有限前提下，重视对政府运作和基础设施建设的投入，而忽视对辖区居民公共需求偏好的满足，从而导致某些公共服务的供给水平低于居民的实际需求。①

尹恒和朱虹（2011）进一步研究了县级地方政府的财政支出行为，他们认为，导致财政支出生产性偏向的根本原因是县级政府以经济增长率最大化为目标，县级政府官员在安排财政支出时必然会表现为对不同类型财政支出的偏向，即持续追加能够直接提高本地增长率的公共投入，长此以往，会扭曲地区财政支出结构，忽视基本公共产品的提供。②

三　对现有文献的总结与评价

第一代财政分权理论主要是从资源配置的视角，以新古典经济学的规范理论作为分析框架，考虑政府职能如何在不同的政府级次间进行合理配置以及相应的财政工具如何分配的问题。所以，第一代财政分权理论主要强调分散化的政府结构能够降低公共品供求信息的显示费用和传递费用，以及地方政府间竞争的存在使公共品的供给更适合辖区内居民需要，增进辖区内居民的福利。因此，第一代财政分权理论论证了地方政府存在的必要性，认为由地方政府来提供地方公共品比由中央政府来提供要优越，从而为地方公共品的有效供给奠定了强有力的理论依据。③ 然而，杨其静等（2008）认为，MPF简单地套用了新古典经济学的竞争理论（简称新古典竞争理论）和完全合同理论下的经典代理理论及其所蕴涵的基本假设，却忽视了政治生活的特殊性和复杂性。这导致了MPF与现实情况存在着紧张关系，也就是说，地方政府制度供给的微观基础薄弱，它们自身仍然在使用抽象的“地方政府”，从未明确地以地方政治家作为分析对象。④

① 龚锋、卢洪友：《公共支出结构、偏好匹配与财政分权》，《管理世界》2009年第1期。

② 尹恒、朱虹：《县级财政生产性支出偏向研究》，《中国社会科学》2011年第1期。

③ 舒成：《中国地方财政分权下的地方公共品供给：理论与实证》，江西财经大学，2010年。

④ 杨其静、聂辉华：《保护市场的联邦主义及其批判：基于文献的一个思考》，《经济研究》2008年第3期。

第二代财政分权理论在两个方面对传统财政联邦主义理论进行了拓展：(1) 抛弃了“仁慈政府”的假设。与传统理论假设的政府官员追求辖区居民福利最大化不同，新理论假定政治过程中的所有参与者（投票者与官员）都有各自的目标函数，都试图在一定的政治制度环境（如不同的选举体制）约束下最大化各自的利益。基于这样一种假设，第二代财政分权理论主要关注不同的政治制度对政府官员行为的影响，以及由此决定的分权体制运行的结果。① (2) 强调了信息不对称的重要作用。由于信息的不完全，越来越多的研究借鉴委托—代理理论来分析政府间政治关系。一种情形是把政府间的纵向联系视为一个企业组织，中央政府充当委托人，地方政府是为实现中央政府目标的代理人；另外一种委托—代理模型则认为全体选民是委托人，中央政府是服务于全体选民的单一代理人，而分权后的地方政府则充当了各个地方代理人的角色。② 不管是哪种形式的委托—代理，需要建立相应的激励机制来促进实现社会福利的最大化。一旦对研究方法和研究范围进行了拓展，第二代财政分权理论实际上可以归结为一种分权的新政治经济理论，而不应当归置于传统的财政联邦主义理论的分析范式。③

总之，基于上述对政府理论的各种比较观点，我们应该尝试提供一种折中、逻辑一致的政府视角，并试图揭示政府这个“黑箱”的真实内涵。毫无疑问，政府应基于公共利益而作为，但同时也应该看到，政府存在出错的可能。如果政府组织本身缺乏足够的激励来规制所属官员以公民利益为导向而作为，这些官员最终将会选择把资源配置向有利于自己的目标倾斜。所以，良政（good government）必须对政府官员提供足够激励的制度框架来保障。另外，仅有激励条件远不是良政的完备要求，还必须确保能够选择出那些具备非凡智慧和相应特质的卓越领导者。正如美国宪法之父詹姆斯·麦迪逊所倡导，所有政治立宪的目标，首先都在于寻求，或应致力于寻求，让那些具备深邃洞察力且怀有崇高道德的人行使公权力，以服务于社会公共利益；其次在于发挥有效的警示作用，使这些执政者在行使

---

① 王峥、秦林军：《新财政联邦主义理论评述》，《昆明理工大学学报》（社会科学版）2009 年第 8 期。

② 袁曙、许莉：《财政联邦主义理论的演进轨迹》，《商业时代》2011 年第 36 期。

③ 徐斌：《中国市场化条件下的分权改革——一个新政治经济学框架》，《中南财经政法大学学报》2007 年第 1 期。

公共权力的同时依然保有上述情操。①

第四节　研究方法与结构安排

一　研究方法

（一）定性分析与定量分析相结合

在定性分析方面，本书第一章围绕地方财政支出结构的理论基础，对地方政府的责任与角色进行了界定，并提炼出财政支出配置的三个基本原则；第二章通过选取了经济建设支出、科技支出、民生支出、农业支出和行政管理支出从财政支出额、比重及其人均支出三个维度对近年来地方财政支出进行统计分析，从而总结出财政支出结构的典型特征；第四章试图从财政竞争的概念界定、效率悖论和地方政府在进行财政竞争时政策工具的理性三个方面来全面、客观分析财政竞争理论的起源和演变，从而为重新理解财政竞争理论本质提供参考。

在定量分析方面，第三章利用中国省级面板数据的计量检验从乘数效应、挤出效应和马太效应三个维度来刻画财政支出结构偏向对宏观经济所造成的消极影响；第四章第三节基于1997—2009年中国省级面板数据，利用交互项系数符号的估计研究财政竞争下地方政府税负、公共投入支出和公共服务支出三种政策工具之间的相互影响；第四章第五节基于1997—2009年中国省级面板数据，利用交互项系数符号的估计来研究财政竞争与地方财政支出结构的关系，从而检验了相关研究命题。

（二）实证研究与规范研究相结合

在实证分析方面，第四章基于基恩和马钱德（1997）、Hauptmeier（2008）的研究框架，通过构建理论模型，研究在财政均等化和劳动力流动的约束下，财政竞争与公共支出结构的关系；在第五章根据对Devaranjia（1996）和邹恒甫（1998）的模型拓展，我们论证了公共支出结构是由政府治理质量内生决定的，而且政府治理、财政支出结构与经济增长三者之间存在着内在联系。

---

① Madison, A.（1788［1961］）The Federalist Papers: A Collection of Essays in Support of the Constitution of the United States, News York: Doubleday.

在规范分析方面，第一章从不同角度剖析作为拥有合法性权威的政府部门在配置公共资源时应该遵循哪些普适性原则。基于以往经典文献的重要研究结论的前提，我们总结出地方政府在财政支出配置过程中必须符合三个基本原则：效率性、公共性和平等性；在第二章基于经济转轨的视角，我们认为不能对财政支出的结构效率进行简单的评价。转轨经济的非均衡特性决定了财政支出结构的优化是一个动态的“选择—契合”过程，也就是说，我们不能静态地看待财政支出结构，因为它本身呈现出一种渐进的变迁过程；在第六章主要从促进地方政府间财政竞争、改善地方政府的治理质量和健全地方公共支出的监管机制三个方面来研究优化地方财政支出结构的治理机制。

二　结构安排

全书共分成七章。第一章导论，包括选题背景和研究意义，对本书的研究对象进行界定，并就相关的国内外经典文献进行评述。提出了本书的研究方法和具体思路，并对全书的研究内容和基本框架进行了简单概括。

第二章首先通过对 1997—2009 年地方财政支出进行统计分析，我们发现财政支出结构存在着严重的经济、政府和城市偏向，而且这种偏向 1997—2009 年一直在保持，没有任何改善的痕迹，所以财政支出结构偏向呈固化状态。然后，鉴于经济转轨的双重约束，我们不能对地方财政支出结构进行简单的合意性评价，转轨经济的非均衡特性决定了财政支出结构的优化是一个动态的“选择—契合”过程。

第三章主要从乘数效应、挤出效应和马太效应三个维度来刻画财政支出结构偏向对宏观经济所造成的消极影响，基于中国省级面板数据的计量检验，我们可以得到以下结论：（1）对于全国的总样本来说，科技支出和民生支出的产出弹性系数为正，而经济建设支出、农业支出和行政管理支出的产出弹性系数为负。为了更清楚说明财政支出结构对经济增长的影响，本章还单独估计了在不考虑财政支出结构的情况下，财政支出总量对经济增长的产出弹性。通过比较两者大小，我们发现，如果不考虑财政支出的结构性，财政支出总量对经济增长的作用往往被高估，所以对于经济增长而言财政支出的结构效率比规模效率更加重要。（2）通过比较总量和结构两个角度来研究和检验政府支出与居民消费的关系，结果表明，如果从总量角度出发，地方政府支出对居民消费具有挤入作用，说明财政支出的规模较为合理；但是从结构角度出发，地方政府支出对居民消费具有较大的挤出作用。（3）城市偏向的财政体制是影响城乡差距的关键因素。地方政府为了快速发展本地经济，对于财政支出的投入必然“以城市为中心”，这导致了财政支出结构的人为偏向，最终影响农村的经济绩效和农民生活水平的提高，从而引起城乡差距的不断扩大。

第四章基于新古典经济学的研究视角，利用理论模型分析，使我们更加理解了财政竞争背后的经济机制和理论本质，从而厘清了财政竞争和公共支出结构之间的内在联系。通过计量模型的实证检验发现，虽然目前我国不完善的转移支付制度和户籍制度在不同程度上影响了财政竞争的有效实施，从而导致公共支出结构的偏向，但是在长期中财政竞争对于改善公共支出结构是动态有效的。

第五章从新政治经济学的视角出发，我们发现在中国式标尺竞争的推动下，地方官员自利行为是财政支出结构偏向的直接诱因：私人理性的放大造成了财政支出结构的偏向，公共理性的丧失导致了财政支出结构偏向的固化。如果把标尺竞争所带来的消极后果更一般化理解，那么研究对象就是政府治理问题。根据对 Devaranjia（1996）和邹恒甫（1998）的模型拓展，我们论证了公共支出结构是由政府治理质量内生决定的，而且政府治理、财政支出结构与经济增长三者之间存在内在联系。

第六章主要从促进地方政府间财政竞争、改善地方政府的治理质量和健全地方公共支出的监管机制三个方面来研究优化地方财政支出结构的治理机制。

第七章结合前面相关的理论和实证的研究结果，对优化地方财政支出结构和改善地方政府治理质量提出了若干政策建议。本书的具体研究路线如图 1－1 所示。

第五节　创新与不足

一　创新之处

其一，通过对 1997—2009 年我国地方财政支出的总体描述和区域比较，我们可以总结出地方财政支出结构的两个典型特征：（1）财政支出结构存在着严重的经济、城市和政府偏向；（2）财政支出结构偏向呈固化状态。很显然，地方财政支出结构的现状说明了地方政府的财政活动违

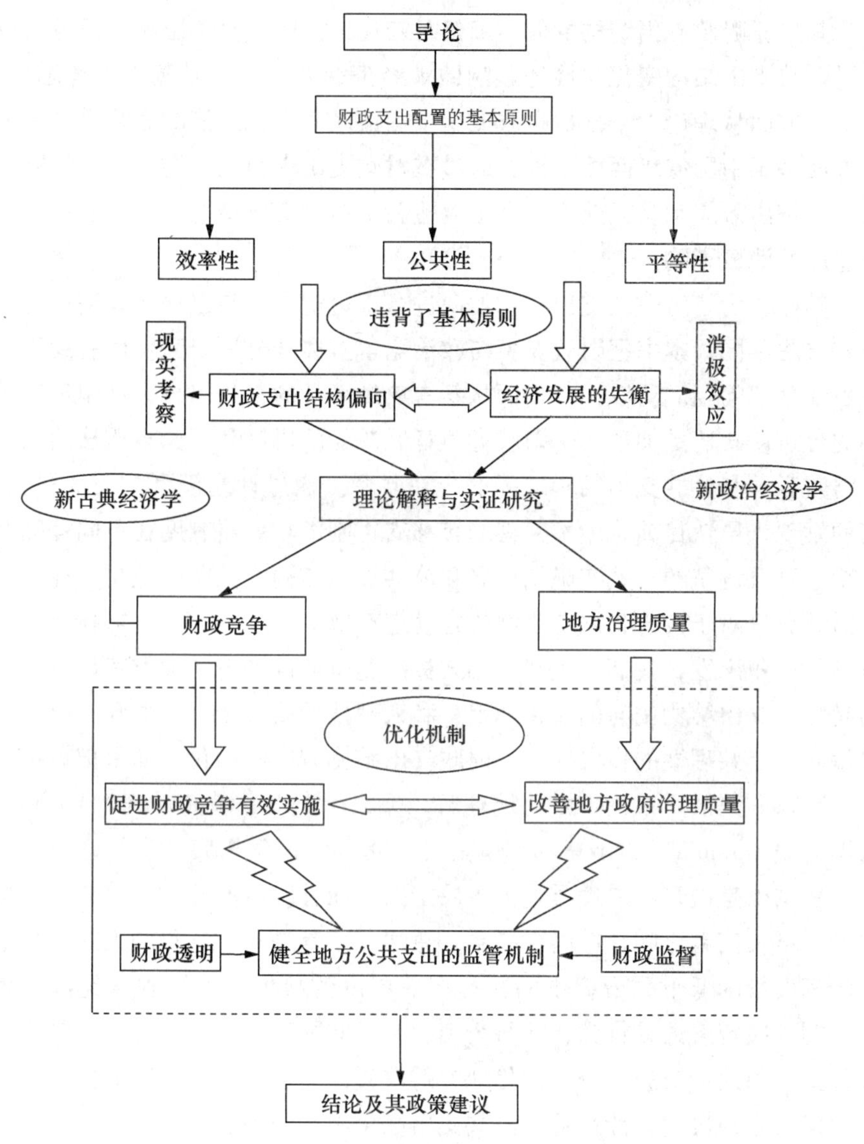

图 1-1　研究思路框架

背了财政支出配置的基本原则：效率性、公共性和平等性。但是，我们不能对地方财政支出结构进行简单的合意性评价，因为转轨经济的非均衡特性决定了财政支出结构的优化是一个动态的“选择—契合”过程，也就是说，我们不能静态地看待财政支出结构，它本身呈现出一种渐进的变迁过程。

其二，财政支出结构的偏向不仅对宏观经济产生直接影响，而且可以通过财政支出结构变化间接地影响微观经济的波动。正是基于上述思想，本书一方面从理论上来分析财政支出结构偏向对宏观经济的影响机制；另一方面基于中国省级面板数据，通过在财政支出中引入结构变量，从乘数效应、挤出效应和马太效应三个维度检验了财政支出结构偏向对宏观经济所造成的消极影响。

其三，为了对财政支出结构偏向进行理论解释，与以往的模型构建和研究方法不同，本书把财政竞争与政治竞争剥离开分别研究从而有助于更清楚地理解问题。所以，一方面从新古典经济学的视角出发，利用理论模型的分析使我们更加理解了财政竞争背后的经济机制和理论本质从而厘清了财政竞争和公共支出结构之间的内在联系。通过计量模型的实证检验，我们发现，虽然目前我国不完善的转移支付制度和户籍制度在不同程度上影响了财政竞争的有效实施从而导致公共支出结构的偏向，但是，在长期中财政竞争对于改善公共支出结构是动态有效的。另一方面，从新政治经济学的视角出发，我们发现在中国式标尺竞争的推动下，地方官员自利行为是财政支出结构偏向的直接诱因：私人理性的放大造成了财政支出结构的偏向，公共理性的丧失导致了财政支出结构偏向的固化。如果把标尺竞争所带来的消极后果更一般化地理解，那么研究对象就是政府治理问题。根据对 Devaranjia（1996）和邹恒甫（1998）的模型拓展，我们论证了公共支出结构是由政府治理质量内生决定的，而且政府治理、财政支出结构与经济增长三者之间存在内在联系。总之，不管是财政竞争的无效还是地方治理质量的低下，最根本的还是有效制度的缺失。根据制度经济学理论，制度决定着人的行为，而行为则引起相应的经济后果，所以，制度至关重要。因此，要想进一步优化地方财政支出结构，有效制度的构建和激励约束相容的机制设计是地方公共支出优化治理的关键和基础。

二 研究不足与未来展望

首先，虽然本书从经济转轨视角论证了财政支出结构的优化是一个动态的“选择—契合”过程，而且也通过理论模型的建构证明了财政支出结构的内生性。但是，对于财政支出结构的完整理解，我们还是知之甚少，所以需要一个更加全面的理论高度来透视财政支出结构的形成与变迁。

其次，在理论研究上，本书只是分别研究了财政竞争与政治竞争对财政支出结构偏向的影响。但是，并没有回答两者之间是否存在理论联系以及具体是什么样的理论联系，所以，不能忽略的是，财政竞争和政治竞争可能会相互强化或者相互削弱。如果能把它们的关系加以模型化，对这一方面进行扩展将是一个十分具有诱惑的工作。另外，本书并没有考虑财政竞争与政治竞争的区域差异，虽然 Cai 和 Triesman（2005）、Bueovetsky（2005）以及夏纪军和张晏（2006）讨论了对于自然禀赋和经济发展水平差异极大的中国来说，地方政府竞争出现多重竞争的可能性，但是这一问题仍有待于进一步研究。

最后，在实证检验方面，本书做的计量工作虽然不影响主要结论，但是显得比较粗糙。一方面，在数据上表现为数据的时间期较短，我们只是检验了 1997—2009 年特征事实，对于研究财政支出结构的变迁来说，可能需要更长的时间跨度。另外，在计量方法与工具上，本书只是运用了静态面板，如果使用空间面板和动态面板将能更好地说明问题。而且如何寻求合理的代理变量和进行内生性处理，也是下一步有待深入研究的问题。

第二章　地方财政支出结构的偏向及其特征：现实考察

第一节　引　　言

新中国成立以后，财政体制进行了多次变革，中央与地方的财政关系也在不断调整，主要围绕着集权与分权、事权与财权两个方面来寻求最佳的央地关系。然而，分税制以来，由于地方政府在财政分配上处于被动地位，地方财政支出在规模和结构上都出现了许多问题，最终导致地方公共物品供给的困境。虽然我国分权化改革使得财权向上集中导致地方财力不足，但傅勇（2008）认为，中国公共物品供给困境的根本原因或许不在于地方政府财政总量不足，而更可能源自财政支出结构上的原因。① 因此，有必要对近年来地方财政支出进行统计分析，从而总结出财政支出结构的典型特征。本章主要分析 1997—2009 年我国地方财政支出结构，选取了经济建设支出、科技支出、民生支出、农业支出和行政管理支出从财政支出额、比重及其人均支出三个维度来分析我国地方财政支出现状，为了更加清楚地看到不同区域财政支出结构的差异，我们还对东部、中部和西部三大区域进行了详细比较。

---

① 傅勇：《中国的分权为何不同：一个考虑政治激励与财政激励的分析框架》，《世界经济》2008 年第 11 期。

第二节　我国地方财政支出结构的具体描述与典型特征

一　总体状况

由表2－1可知，从财政支出数量看，1997—2009年，地方政府的经济建设支出一直保持着良好的增长势头，直到2007年出现拐点，有所回落，但随后又快速增长。科技支出是财政支出项目中支出数量最少的，从图2－1我们可以看到，它一直保持着平稳不变的态势。考虑到每年中央政府对许多公共支出项目给予大量的转移支付资金，所以民生支出的数额比较大，而且也呈逐年上升的趋势，特别是2006年之后，增速更加明显。农

表2－1　1997—2009年地方政府各项财政支出额及其比重　单位：万元、%

年份	经济建设支出		科技支出		民生支出		农业支出		行政管理支出	
项目	比重	支出额	比重	支出额	比重	支出额	比重	支出额	比重	支出额
1997	20.33	474399	1.78	39908	27.3	580080	13.67	268850	26.12	530819
1998	20.36	543024	1.68	44982	25.09	619934	12.72	292066	20.66	488621
1999	21.49	651541	1.68	52927	26.29	753861	11.55	320168	25.30	708697
2000	21.74	744655	1.68	64016	27.89	925903	10.87	350106	25.29	836969
2001	23.61	979496	1.54	74229	27.45	1163017	10.03	407090	25.01	1056690
2002	22.64	1076647	1.55	89073	31.52	1536923	9.21	437595	25.71	1290420
2003	21.27	1157570	1.51	96833	29.90	1633720	8.34	444858	26.60	1495890
2004	15.58	1033929	1.48	113467	28.95	1891333	10.42	622732	26.44	1765760
2005	20.86	1695264	1.46	137898	28.55	2270167	8.84	661906	25.51	2095765
2006	19.67	1920106	1.49	170429	28.51	2763210	9.81	904672	24.71	2464363
2007	10.64	1273601	1.89	276916	36.19	4447528	8.85	997099	32.06	4046766
2008	12.28	2022301	1.85	339311	36.10	5706078	9.59	1366333	22.14	3530283
2009	13.63	2762403	1.81	422807	35.82	6984665	11.42	2065066	19.65	3904641

注：1. 表中的支出额和比重都是各省的平均数。

2. 比重等于各项支出占财政总支出的百分比。

资料来源：笔者根据《中国统计年鉴》计算所得。

业支出在1997—2004年的增速不大，显得非常平稳，但是，2004年之后呈逐年上升的趋势，增速比较明显。行政管理支出的数额一直比较大，从1997年以来保持着高速增长。但是，如果从各财政支出项目的比重来看，由图2－2可知，1997—2009年各项财政支出的比重变化都不大，其中经济建设支出、民生支出和行政管理支出的比重明显高于科技支出和农业支出，并且科技支出比重始终保持最低。

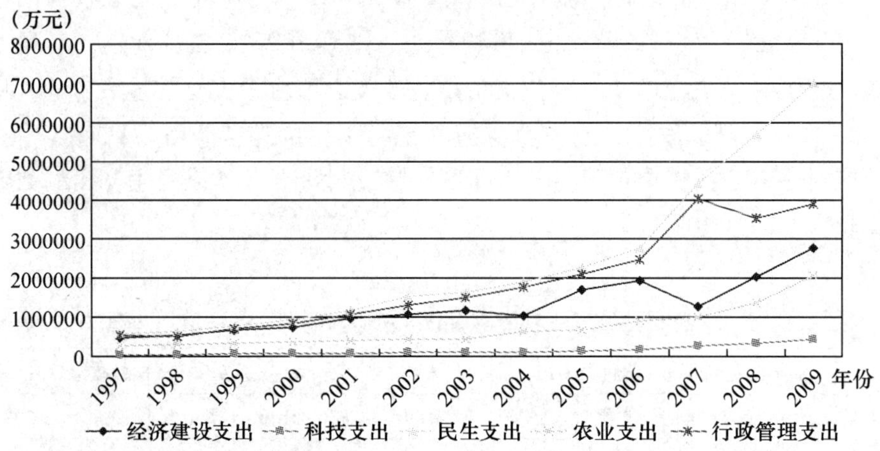

图2－1 1997—2009年地方政府各项财政支出额变化趋势

资料来源：根据表2－1的数据绘制而成。

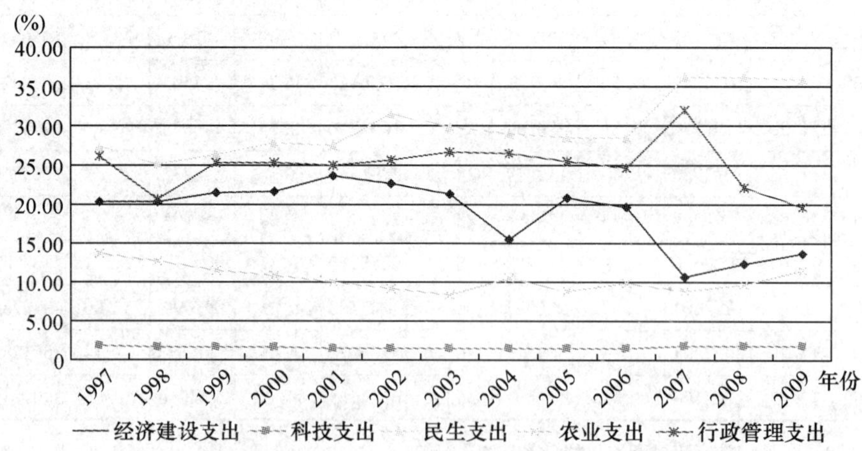

图2－2 1997—2009年地方政府各项财政支出比重变化趋势

资料来源：根据表2－1的数据绘制而成。

另外，为了更加清楚地呈现地方政府财政支出的具体效果，我们计算人均意义上的各项财政支出数额。由表2－2和图2－3可知，各项人均财

表2－2　　1997—2009年地方政府财政人均支出结构　　单位：元

年份	经济建设支出	科技支出	民生支出	农业支出	行政管理支出
1997	164.8	12.4	184.2	84.2	167.9
1998	190.1	13.6	196.4	91.5	155.1
1999	233.1	16.1	237.8	95.8	219.8
2000	264.9	18.6	286.2	106.3	253.8
2001	373.5	21.9	353.0	122.3	319.0
2002	434.2	26.0	469.7	129.5	384.7
2003	463.5	27.9	488.9	128.6	435.4
2004	395.4	32.3	564.0	184.2	511.5
2005	619.8	38.5	677.9	193.7	600.6
2006	688.8	46.7	813.0	259.8	699.0
2007	411.4	87.6	1298.9	317.2	1208.9
2008	592.7	105.8	1651.3	448.9	1024.3
2009	818.9	132.5	2020.0	651.8	1138.2

注：人均财政支出由笔者计算所得，计算公式为：人均财政支出＝本项支出/当年年末人口数

资料来源：笔者根据历年《中国统计年鉴》计算所得。

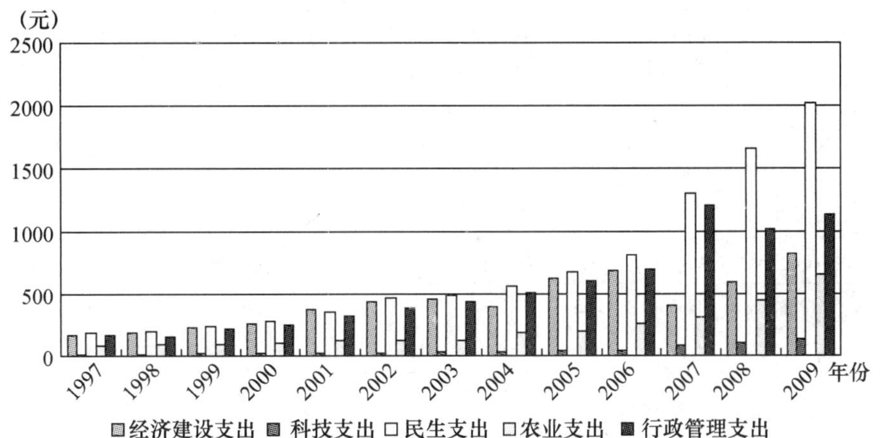

图2－3　1997—2009年地方政府各项人均财政支出变化趋势

资料来源：根据表2－2的数据绘制而成。

政支出呈逐年增长趋势，但是，不同支出项目之间的差距很大，人均经济建设支出、行政管理支出和民生支出明显高于人均科技支出和农业支出，其中，人均行政管理支出约为人均科技支出的十倍。人均民生支出虽然一直增长，但是与经济建设支出和行政管理支出相比差别不大，仅仅在2006年之后才有明显提高。

二 区域比较

（一）经济建设支出的比较

由表2-3、图2-4、图2-5和图2-6可知，从财政支出的绝对数额来看，中部地区大大超过东部地区和西部地区，其中东部地区和西部地区之间的差距不大。但是，从财政支出的比重来看，1997—2009年三大区域的比重大小不固定，相互交替地处于最高位置。最后，从人均财政支出来比较，东部地区和西部地区大致相同，但它们明显高于中部地区，几乎是中部地区的两倍。

表2-3　　1997—2009年我国三大区域经济建设支出

单位：万元、元、%

年份	东部			中部			西部		
	支出额	比重	人均支出	支出额	比重	人均支出	支出额	比重	人均支出
1997	810221	25.78	295	2812285	17.13	75	248470	17.46	105
1998	915877	25.00	332	3285869	17.11	85	289436	18.28	130
1999	1042410	24.65	385	4402864	19.33	115	360699	20.02	172
2000	1171291	24.01	406	4555678	17.83	118	470368	22.26	233
2001	1457520	24.56	512	6062550	18.79	157	689093	25.96	391
2002	1565799	22.69	551	6101716	16.65	157	837546	26.60	512
2003	1826081	22.52	646	6326071	15.52	164	789309	23.96	495
2004	1653653	16.90	607	6000398	11.97	155	655100	16.78	362
2005	2688240	22.71	906	10113082	16.50	263	1072454	22.06	595
2006	3022884	21.85	1006	11842024	15.27	301	1202460	20.60	656
2007	1601804	9.49	478	11038576	11.54	293	901935	11.10	429
2008	2336510	11.23	678	15940783	12.88	424	1754078	12.85	627
2009	3321669	13.02	909	20626789	13.15	529	2372445	14.53	930

资料来源：根据历年《中国统计年鉴》计算所得。

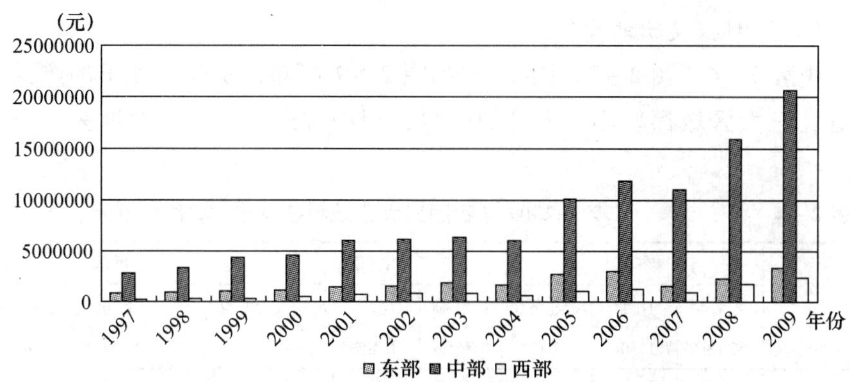

图 2－4　东部、中部和西部经济建设支出额

资料来源：根据表 2－3 的数据绘制而成。

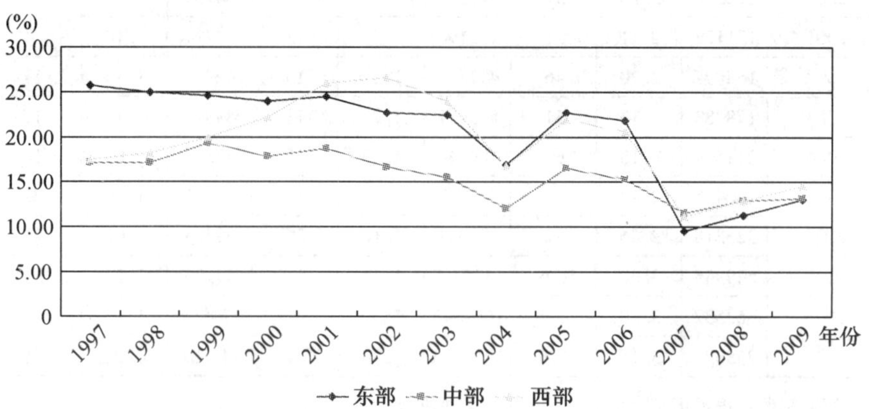

图 2－5　东部、中部和西部经济建设支出比重

资料来源：根据表 2－3 的数据绘制而成。

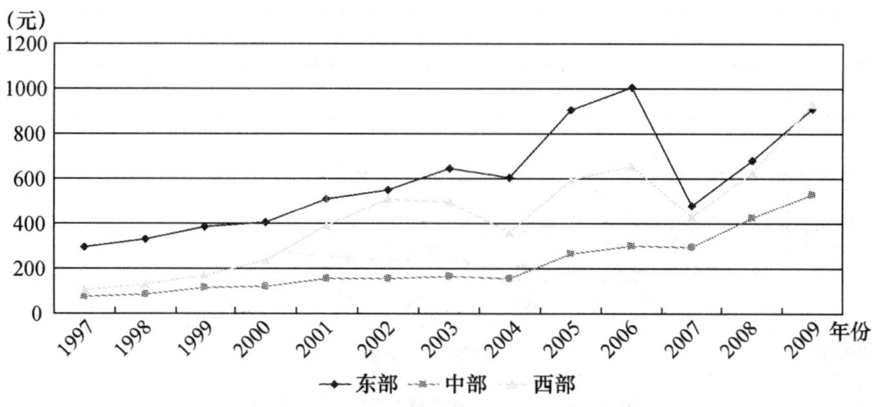

图 2－6　东部、中部和西部人均经济建设支出

资料来源：根据表 2－3 的数据绘制而成。

（二）科技支出的比较

由表2-4、图2-7、图2-8和图2-9可知，从财政支出的绝对数额看，三大区域都呈逐年上升的趋势，但中部地区高于东部地区，东部

表2-4　　1997—2009年我国三大区域科技支出　单位：万元、元、%

年份	东部			中部			西部		
	支出额	比重	人均支出	支出额	比重	人均支出	支出额	比重	人均支出
1997	62280	1.98	19	298559	1.88	9	21125	1.51	8
1998	72469	1.96	22	314902	1.69	9	23531	1.42	9
1999	88454	2.07	27	344750	1.50	9	26917	1.43	11
2000	112300	2.20	31	377380	1.44	10	30983	1.37	13
2001	131122	2.11	38	442196	1.35	12	34714	1.14	14
2002	163097	2.20	46	477712	1.27	13	40791	1.13	17
2003	178383	2.13	51	513431	1.23	13	43847	1.13	17
2004	211609	2.13	60	609446	1.19	16	48360	1.07	18
2005	260475	2.14	71	712747	1.14	18	58071	1.06	22
2006	325318	2.26	87	873381	1.10	22	69285	1.03	26
2007	549945	3.00	176	1335368	1.35	34	99970	1.23	42
2008	663537	3.00	209	1661442	1.30	41	129858	1.16	54
2009	855626	3.15	275	1968783	1.23	49	143861	0.98	58

资料来源：根据历年《中国统计年鉴》计算所得。

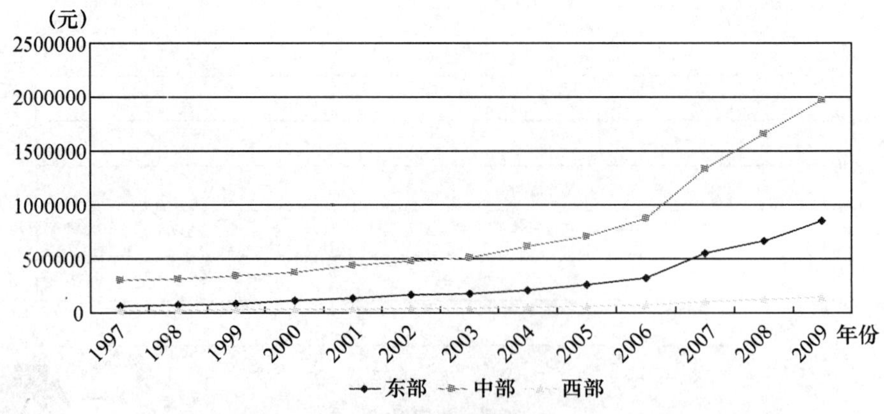

图2-7　东部、中部和西部科技支出额

资料来源：根据表2-4的数据绘制而成。

地区高于西部地区，三者之间依次拉开差距。但是，从财政支出比重看，1997—2009 年东部地区的比重明显高于中部地区和西部地区。同样，从人均财政支出来比较，东部地区明显高于中部地区和西部地区，几乎是它们的三倍。

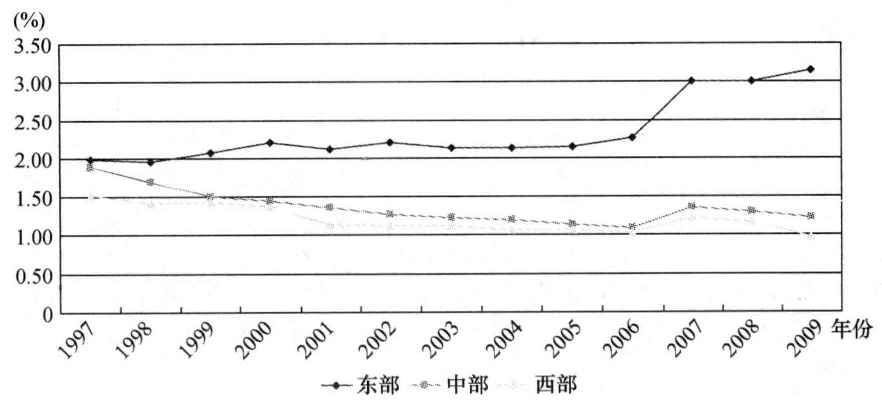

图 2-8　东部、中部和西部科技支出比重

资料来源：根据表 2-4 的数据绘制而成。

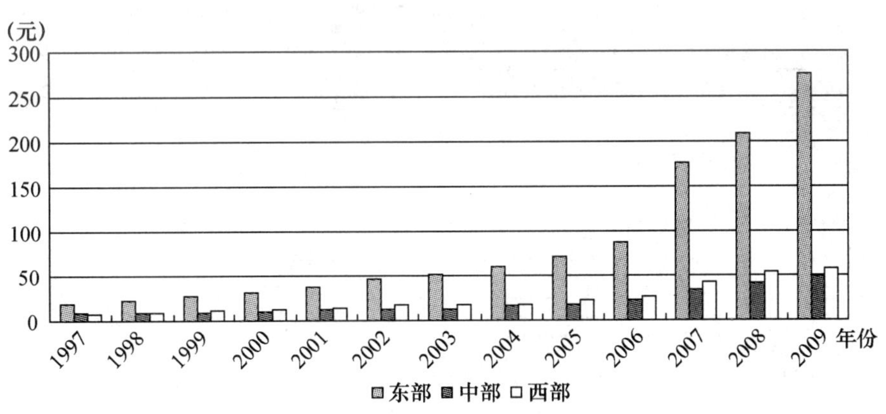

图 2-9　东部、中部和西部人均科技支出

资料来源：根据表 2-4 的数据绘制而成。

（三）民生支出的比较

由表 2-5、图 2-10、图 2-11 和图 2-12 可知，从财政支出的绝对数额看，中部地区远远高于东部地区和西部地区，其中东部地区和西部地区之间的差距不大。其次，从财政支出比重看，1997—2009 年三大区域的比重大小波动不大，更奇异的是，三者有着一致的波动轨迹，而且大小也相差不大。最后，从人均财政支出来比较，东部地区和西部地区大致相同，在数值上略微高于中部地区。

表 2－5　　1997—2009 年我国三大区域民生支出　　单位：万元、元、%

年份	东部			中部			西部		
	支出额	比重	人均支出	支出额	比重	人均支出	支出额	比重	人均支出
1997	834174	27.74	265	4509040	27.79	118	358126	26.74	155
1998	880711	25.15	279	4911320	25.92	129	384902	24.48	166
1999	1045598	26.24	331	6286759	27.61	166	465113	25.44	200
2000	1269907	27.45	377	7647286	29.72	200	590560	27.08	261
2001	1566459	27.22	465	9615102	30.10	249	767282	25.89	320
2002	2028438	30.80	593	12844295	34.85	329	1040623	29.95	450
2003	2184948	28.53	637	13771587	33.65	355	1069943	28.65	442
2004	2518345	27.69	741	16439481	32.84	426	1207504	27.51	494
2005	3036040	27.49	871	19387818	31.77	514	1465909	27.38	610
2006	3644359	27.82	1038	24086954	30.96	624	1790384	27.50	733
2007	5798500	34.63	1598	38237846	39.10	974	2987667	35.68	1241
2008	7152361	34.80	1940	49001354	38.78	1242	4100925	35.51	1660
2009	8367195	33.86	2229	61495075	38.80	1556	5249200	35.62	2137

资料来源：根据历年《中国统计年鉴》计算所得。

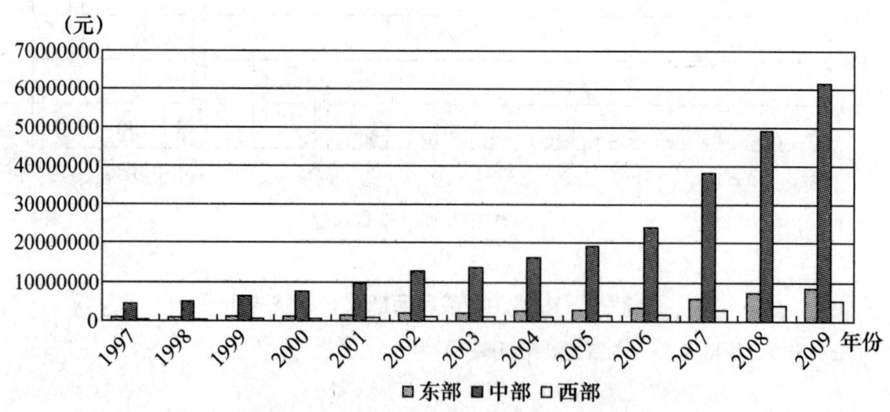

图 2－10　东部、中部和西部民生支出额

资料来源：根据表 2－5 的数据绘制而成。

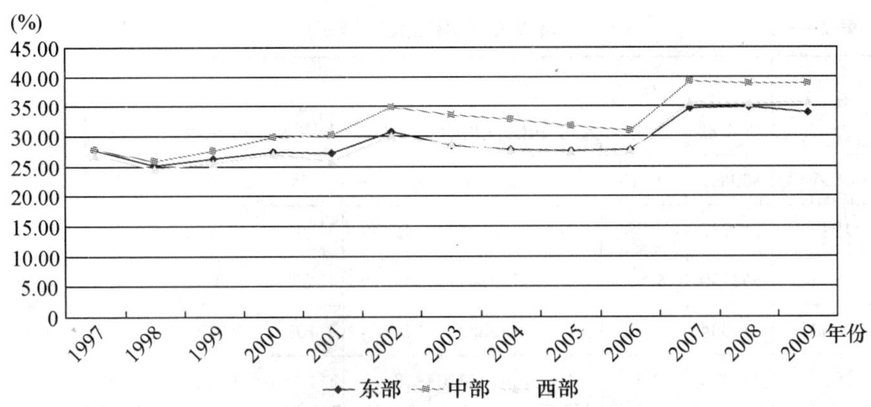

图 2－11　东部、中部和西部民生支出比重

资料来源：根据表 2－5 的数据绘制而成。

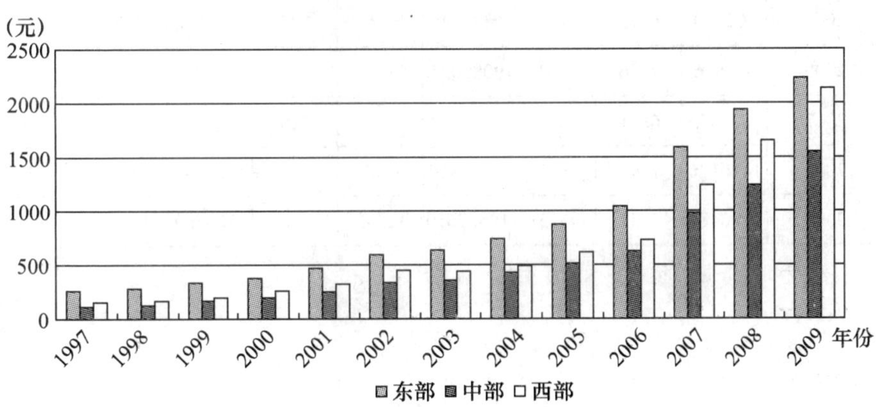

图 2－12　东部、中部和西部人均民生支出

资料来源：根据表 2－5 的数据绘制而成。

（四）农业支出比较

由表 2－6、图 2－13、图 2－14 和图 2－15 可知，从财政支出的绝对数额来看，东部地区和西部地区之间的差距不大，中部地区远远高于东部地区和西部地区，到了 2009 年几乎是它们的 10 倍。其次，从财政支出的比重来看，中部地区和西部地区大致相同，它们略微高于东部地区。最后，从人均财政支出来比较，三大区域的大小大致相同，直到 2006 年之后，西部地区才开始与东部地区和西部地区有了差距。

表 2－6　　1997—2009 年我国三大区域农业支出　　单位：万元、元、%

年份	东部			中部			西部		
	支出额	比重	人均支出	支出额	比重	人均支出	支出额	比重	人均支出
1997	300831	10.13	87	2670788	16.71	74	196200	14.87	88
1998	317832	9.30	93	3017524	15.89	80	211698	13.74	98
1999	362759	8.93	98	3284772	14.29	89	220841	12.13	98
2000	387334	8.22	100	3566335	13.84	102	252191	11.32	115
2001	430208	7.40	112	4183320	13.18	119	308682	9.59	134
2002	458274	6.73	114	4448398	12.08	124	339669	8.45	148
2003	514327	6.53	126	4347183	10.66	119	315484	8.45	137
2004	605615	6.70	150	6016358	12.14	163	552214	12.68	229
2005	702700	6.31	171	6428245	10.63	175	530095	9.95	227
2006	943576	7.06	223	9089022	11.80	239	714706	11.01	307
2007	1074053	6.51	271	8837119	9.15	226	854863	10.80	420
2008	1416176	7.42	369	12116105	9.67	308	1221858	11.51	616
2009	2100487	8.91	525	19507669	12.38	496	1783669	13.08	872

资料来源：根据历年《中国统计年鉴》计算所得。

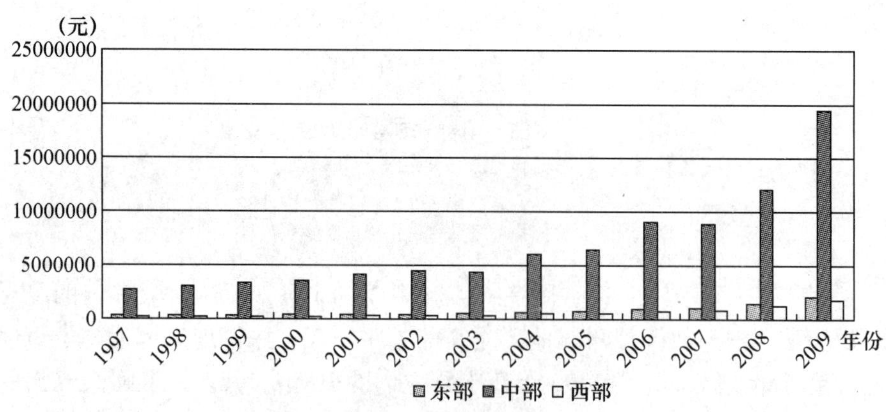

图 2－13　东部、中部和西部农业支出额

资料来源：根据表 2－6 的数据绘制而成。

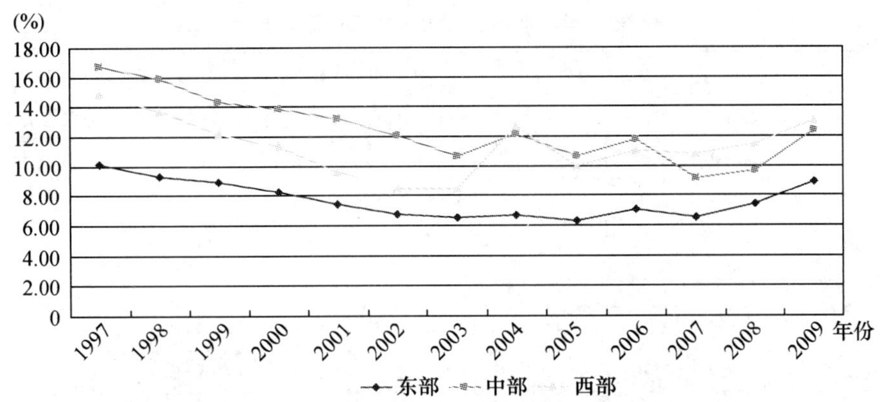

图 2－14　东部、中部和西部农业支出比重

资料来源：根据表 2－6 的数据绘制而成。

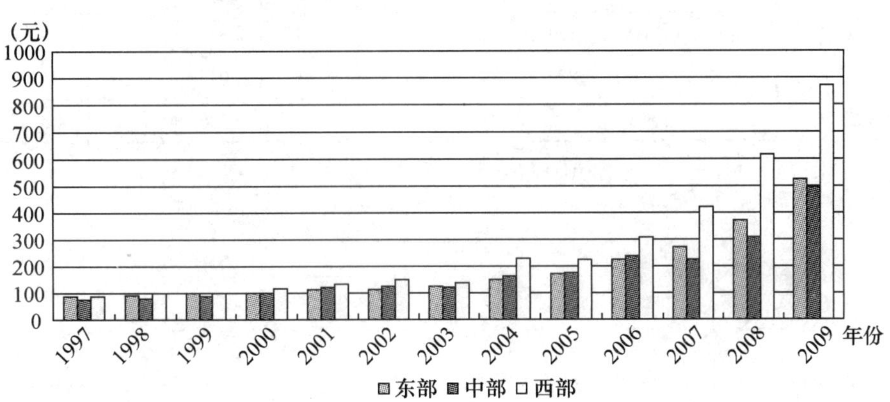

图 2－15　东部、中部和西部人均农业支出

资料来源：根据表 2－6 的数据绘制而成。

（五）行政管理支出的比较

由表 2－7、图 2－16、图 2－17 和图 2－18 可知，从财政支出的绝对数额看，东部地区略微高于西部，而中部地区远远高于东部地区和西部地区，到了 2009 年几乎分别是它们的 2 倍和 10 倍。其次，从财政支出的比重看，与民生支出的情况一样，1997—2009 年三大区域有着一致的波动轨迹，而且大小几乎相同。最后，从人均财政支出比较，东部地区和西部地区大致相同，在数值上略微高于中部地区。

表 2-7　　1997—2009 年我国三大区域行政管理支出　　单位：万元、元、%

年份	东部			中部			西部		
	支出额	比重	人均支出	支出额	比重	人均支出	支出额	比重	人均支出
1997	62280	1.98	19	298559	1.88	9	21125	1.51	8
1998	72469	1.96	22	314902	1.69	9	23531	1.42	9
1999	88454	2.07	27	344750	1.50	9	26917	1.43	11
2000	112300	2.20	31	377380	1.44	10	30983	1.37	13
2001	131122	2.11	38	442196	1.35	12	34714	1.14	14
2002	163097	2.20	46	477712	1.27	13	40791	1.13	17
2003	178383	2.13	51	513431	1.23	13	43847	1.13	17
2004	211609	2.13	60	609446	1.19	16	48360	1.07	18
2005	260475	2.14	71	712747	1.14	18	58071	1.06	22
2006	325318	2.26	87	873381	1.10	22	69285	1.03	26
2007	549945	3.00	176	1335368	1.35	34	99970	1.23	42
2008	663537	3.00	209	1661442	1.30	41	129858	1.16	54
2009	855626	3.15	275	1968783	1.23	49	143861	0.98	58

资料来源：根据历年《中国统计年鉴》计算所得。

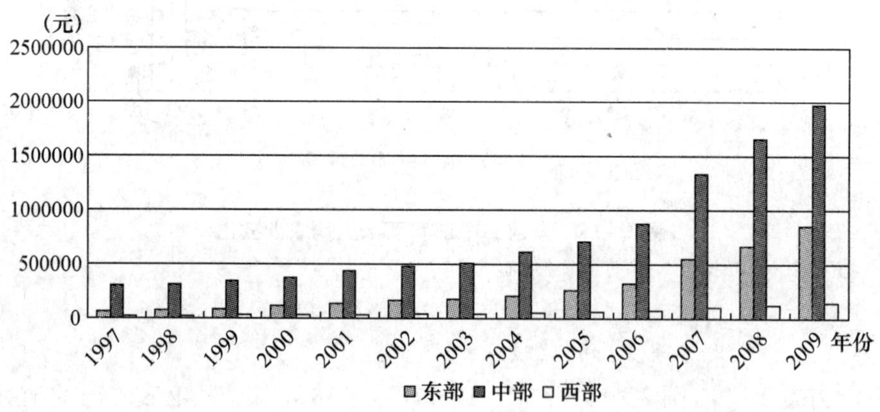

图 2-16　东部、中部和西部行政管理支出额

资料来源：根据表 2-7 的数据绘制而成。

三　典型特征

通过对 1997—2009 年间我国地方财政支出的总体描述和区域比较，可以总结出地方财政支出结构的两个典型特征。

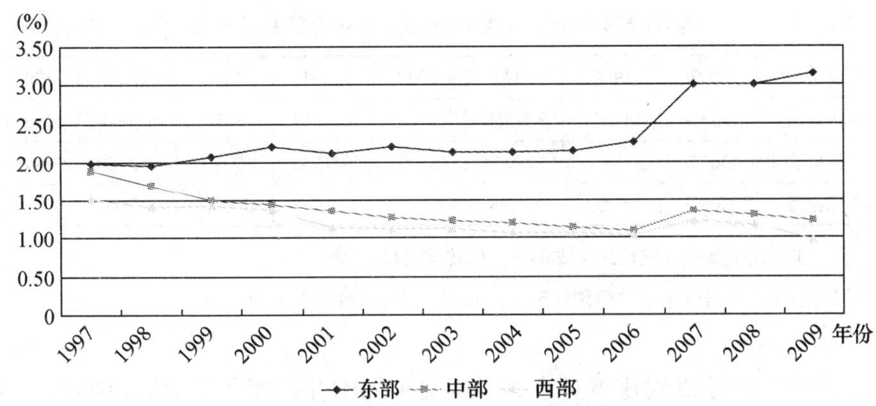

图 2－17　东部、中部和西部行政管理支出比重

资料来源：根据表 2－7 的数据绘制而成。

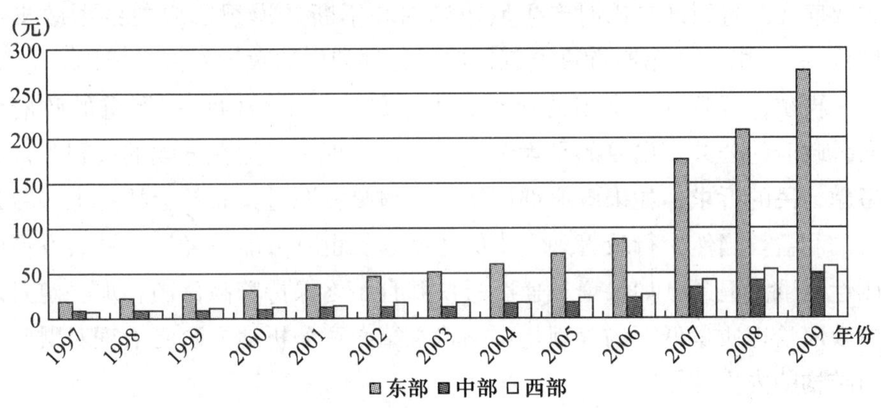

图 2－18　东部、中部和西部人均行政管理支出

资料来源：根据表 2－7 的数据绘制而成。

（一）财政支出的结构性偏向

首先，经济建设支出的比重始终过大，财政支出结构存在着严重的经济偏向。说明虽然中央很早就提出公共财政的路线图，但是地方政府的财政理念仍然是建设型财政。仅仅从数值上看，民生支出比重似乎与经济建设支出大致相同，但是，本书统计数据并没有考虑中央政府的专项转移支付，如果把它纳入统计结果中来，从表 2－8 我们可以发现，民生支出的比重将会远远低于经济建设支出。所以说，地方政府在财政支出配置过程中表现为重经济、轻民生。

表 2-8 专项转移支付下民生支出的实际支出额及其比重 单位：万元、%

年份	1997	1998	1999	2000	2001	2002	2003	2004
专项转移支付	143304	247071	377868	457705	621264	676343	673540	895364
实际民生支出	436776	372863	375993	468198	541753	860580	960180	995969
实际比重	18.63	15.07	12.96	13.88	12.79	17.46	17.28	14.99

注：实际民生支出 = 统计民生支出 - 专项转移支付。

资料来源：根据历年《中国统计年鉴》和《财政统计年鉴》计算所得。

其次，财政支农比重过小，财政支出结构存在着严重的城市偏向。这反映即使中央强力推进城乡公共服务均等化，地方政府的财政理念仍然是城市财政。中国的财政分权模式和政治垂直管理的体制激励了地方政府采取城市倾向的财政政策，并扮演着一只“偏向之手”的角色，这导致地方政府在配置财政支出时产生城市倾向和不断“漠视”农村的财政支出结构。[①] 本书将在第四章重点剖析出现这种偏向的政治经济学成因。

再次，行政管理支出的比重过大，财政支出结构存在严重的政府偏向。政府的公共支出目的是为了公共利益，理所当然在分配的过程中优先考虑公民的诉求，如果政府部门所得的财政资源过大必然会牺牲大多数公民的利益。当然，行政管理支出的适度增长也有可能是经济和社会发展的刚性需求。但是，如果增长速度过快并且始终保持着高份额，那一定是地方政府治理质量低下的表现。本书将在第六章分析地方政府治理对财政支出结构的内生性影响。

最后，科技支出严重不足。地方政府发展经济既可以选择短期项目以快速取得成效，也可以选择长期投入研发立足于创新型经济。但是，统计数据表明，地方政府对科技的财政投入太少，这反映出地方政府官员机会主义倾向的短期行为。本书将在第六章揭示政治锦标赛对地方官员异化行为的塑造。

（二）财政支出结构偏向呈固化状态

从地方财政支出的统计数据来看，财政支出结构不但存在明显的偏向性，而且这种偏向状态 1997—2009 年一直在保持，并没有任何改善的痕

① 马光荣：《援助之手还是偏向之手：中国式分权、城市倾向的经济政策与城乡收入差距》，《制度经济学研究》2010 年第 1 期。

迹。根据李永友（2011）的研究结果，政府仍然承担着较多的经济建设职能，财政的公共性和社会性相对不足，公共服务型特征不明显，至少中国在过去10年中服务型政府建设还只是停留在主观建构上，在行动上并没有取得实质性进展。[①] 为了更加清楚地看到财政支出结构的波动状态，我们用财政支出的增长弹性来描述其波动轨迹，从表2－9可以看到，经济建设支出、科技支出、民生支出、农业支出和行政管理支出的增长弹性的大小区间分别为0.8、0.7、0.9、0.8和0.9，它们从1997—2009年间的波动幅度几乎很小，这说明五类财政支出的平稳变化和财政支出结构的固化状态。为什么地方政府都没有意愿去打破财政支出结构的偏向格局？很显然，这背后肯定有某种机制约束和激励它们保持现状，所以地方政府间的集体行动必然破产。本书将在第六章研究地方政府间财政博弈的“策略互动”对财政支出结构的影响。

表2－9　　1997—2009年地方政府财政支出结构的增长弹性

年份	经济建设支出	科技支出	民生支出	农业支出	行政管理支出
1997	0.885	0.714	0.909	0.858	0.905
1998	0.887	0.714	0.904	0.855	0.890
1999	0.893	0.717	0.908	0.850	0.905
2000	0.895	0.719	0.913	0.846	0.906
2001	0.902	0.716	0.913	0.843	0.907
2002	0.900	0.719	0.923	0.839	0.910
2003	0.896	0.719	0.920	0.834	0.912
2004	0.877	0.721	0.919	0.849	0.913
2005	0.897	0.723	0.919	0.842	0.912
2006	0.895	0.727	0.920	0.850	0.911
2007	0.860	0.744	0.937	0.847	0.929
2008	0.870	0.747	0.937	0.854	0.907

注：财政支出的增长弹性由笔者计算所得，计算公式为：弹性＝本性支出的对数/当年财政支出的对数。

---

① 李永友：《公共服务型政府建设与财政支出结构效率》，《经济社会体制比较》2011年第1期。

总之，地方财政支出结构现状说明地方政府并没有依据财政支出配置的基本原则。首先，城市偏向违背了平等性原则，因为不管是居住在城市的公民，还是居住在农村的公民，都应该享受到政府公共财政的“阳光普照”。其次，政府偏向违背了公共性原则。政府的财政收入必须取之于民、用之于民，而且政府并没有权力对自身消费的过度分配，财政预算需要“一致同意”。最后，虽然加大经济建设支出有助于短期内快速发展经济，但是等边际原理告诉我们，财政资源也须遵守边际标准才能保持经济增长的长期性和连续性，否则只会带来财政资源的浪费和对民生改善资源的侵占。

第三节　转轨背景下财政支出结构的合意性评价

一　经济转轨过程中评价公共政策的复杂性

经济转轨是特指发生于20世纪后期许多国家由传统计划经济体制向市场经济体制的过渡。中国是典型的转轨国家，其经济运行的表现既不同于传统计划经济，又相异于成熟市场经济，而是具有“双轨”或“体制外”的运行特征，从而体现出转轨经济的特殊性。经济转轨必然是一个过程，它是由社会发展的客观性，或者更直接地说是由社会再生产的连续性决定的。吕炜（2006）把经济转轨的基本特征简单概括为四个方面：双重任务性、非均衡性、阶段性和二元性。其中，双重任务性作为主线贯穿于经济转轨的始终。经济转轨的双重任务性是指在转轨经济的运行中一方面存在着体制上的约束，另一方面又存在着发展阶段上的约束，为此，各转轨经济体在经济转轨过程中就理所当然地承担着“体制转轨”与“发展转型”这两大任务。①

既然存在着体制上和发展阶段上两大基础性制约因素，政府要想成为以市场作为资源配置主要方式的发达经济体，一方面要解除体制上的约束，进行经济体制的变革，即“体制转轨”；另一方面就要解除发展阶段上的约束，实现发展阶段的转换，即“发展转型”。然而，经济体制与发展阶段并不是同步契合的，而是存在着严重的时空错位，所以为了推进经

① 吕炜：《经济转轨大纲》，商务印书馆2006年版，第31—66页。

济转轨，政府必须通过财政活动实施一系列公共政策。很显然，公共政策运行的环境是新旧体制交织、市场与计划共同作用的过渡区间。但是，转轨经济的深刻继承性、新经济规律发挥作用的环境欠缺性和人们社会生活准则、思想观念调整的缓慢性很容易产生摩擦，从而导致实施公共政策的长期性、复杂性和不稳定性。更重要的是，与发达市场经济体制下公共政策不同，政府所应该做的事情，并不是简单地弥补市场失灵，提供公共服务，其政策目标的特殊性还包括政府本身的转型。由于缺乏稳定、成型的市场机制，政府在大多数时候并不能够很好地界定自身职能权限和范围以及选择公共政策目标。所以，政府在转轨区间，其自身也参与了对公共政策的反应，也成为公共政策的对象。也就是说，政府同时承担了公共政策主体和客体的双重角色。我们都知道，从某种意义上说，经济转轨的过程实际上就是政府与市场这两套机制相互博弈从而实现均衡的历程。然而，政府这种主客体的错位很容易导致政府与市场的边界混乱以及由此而引发两者之间的紧张关系：当市场力量损及政府利益时，政府会设法挫其锋芒；而当市场力量对政府有所助益时，政府则乐于接受其发挥效力。

因此，正是由于转轨经济的特殊背景，作为双重角色的政府，当它实施一项公共政策时，公众往往无法全面、合理地评价其绩效。比如说，该项公共政策如果并不利于经济长期发展，但是政府会坚持认为它有助于经济体制的转轨与完善。在这种情况下，政府会利用这种评价体系的“灵活性”而减缓实施公共政策中与公民产生的价值冲突。最终，双重约束下的政策环境严重削弱了公民参与公共活动的积极性，经济转轨也就成了政府主导的制度变迁，必然导致公共政策的偏向与转轨路径的失控。

二　财政支出结构变迁的应然轨迹：从静态合理到动态优化

正是由于转轨过程的复杂性，我们不能对财政支出的结构效率进行简单的评价。转轨经济的非均衡特性决定了财政支出结构的优化是一个动态的“选择—契合”过程，也就是说，我们不能静态看待财政支出结构，因为它本身呈现出一种渐进的变迁过程。我们可以用图 2－19 来详细地描述财政支出结构的变迁过程。起初在某一个历史时点，财政支出结构的初始状态是不合理的。根据“选择—契合”思想，资源被用于某一用途，意味着将不能同时被用于其他用途，资源的稀缺性决定了选择的重要性。所以，政府为了有效配置财政资源，通常会对财政支出结构重新调整，以更好地契合现实的约束条件。然而，这种调整并不是一帆风顺的，特别是对处于双重约束的转轨经济体，最终，财政支出的重新配置可能并没有与制度变迁和经济发展一致，却和体制内利益集团的福利改进达成了耦合。当然，财政支出结构的调整不当也有可能是制度变迁的不完善导致的。不管什么原因，是利益集团的俘获还是制度变迁的不彻底，最终使财政支出结构被锁定，使之长期处于路径依赖的状态。为了达到财政支出结构的最优状态，政府需要再次调整财政资源的配置路径，从而实现经济发展与公共需要的完全契合。

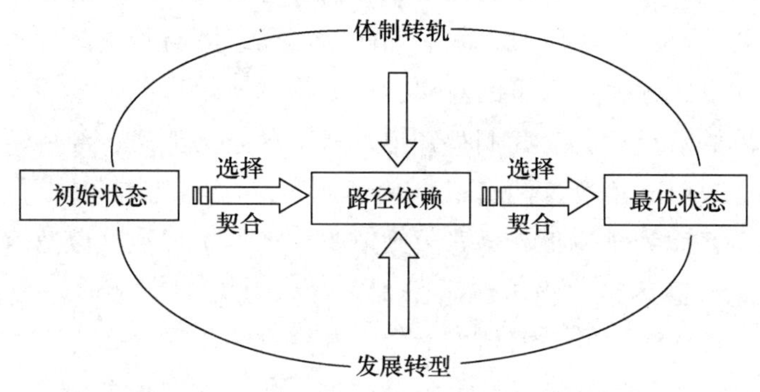

图 2－19　双重约束下财政支出结构的变迁过程

回顾新中国成立以来我国经济体制改革的过程，我们会发现财政支出结构在不断发生着变化，在某种程度上也代表着一种渐进式变迁。计划经济时期，中央政府强有力地控制整个经济活动，地方政府几乎没有独立的财政支出配制权。对于中央政府而言，当时财政活动的唯一目标就是快速实现由新民主主义向社会主义的体制转轨，所以，从上到下所有财政支出都向重工业和公有制企业倾斜。改革开放以后，随着中央逐渐放权给地方政府，地方政府对财政的支配权越来越高，在以经济建设为中心的执政理念下，我国地方财政支出主要集中于投资性和生产性领域，很明显，发展转型成为地方财政的第一要义。党的十六大以来，科学发展观与和谐社会的观念逐渐深入人心，地方政府公共财政的目标不再单纯追求国内生产总值的增长，而是在经济发展的基础上促进社会全面进步，最终实现人的全面发展。纵观以上地方财政支出结构的变迁过程，我们发现，鉴于经济体制和经济发展阶段等各种因素的影响，财政支出结构呈现出动态特征。当地方政府在某一时期选择了某种财政支出的结构安排，我们可能无法判断其是否有效，因为往往静态合理并不等于动态最优。因此，需要重新定位和反思财政支出结构，从一种动态优化的视角去评价它可能更符合公共经济学的理论与实践。

第四节　本章小结

本章对近年来地方财政支出进行统计分析，通过分析总结出财政支出结构的几个典型特征：首先，经济建设支出比重始终过大，财政支出结构存在着严重的经济偏向。这说明虽然中央很早就提出公共财政的路线图，但是，地方政府的财政理念仍然是建设型财政。其次，财政支农的比重过小，财政支出结构存在着严重的城市偏向。这反映出即使中央强力推进城乡公共服务均等化，但是，地方政府的财政理念仍然是城市财政。最后，行政管理支出的比重过大，财政支出结构存在严重的政府偏向，这一定是地方政府治理质量低下的表现。另外，从地方财政支出的统计数据来看，财政支出结构不但存在着明显的偏向性，而且这种偏向状态 1997—2009 年一直在保持，并没有任何改善的痕迹，所以财政支出结构呈固化状态。那么，我们应该如何对地方财政支出结构进行合意性评价呢？本章基于经济转轨的视角，认为不能对财政支出的结构效率进行简单的评价。转轨经济的非均衡特性决定了财政支出结构的优化是一个动态的“选择—契合”过程，也就是说，不能静态地看待财政支出结构，因为它本身呈现出一种渐进的变迁过程。

第三章　地方财政支出结构偏向的宏观经济效应

第一节　引　言

2008 年国际金融危机以来，中国经济增长结构的内在缺陷不断凸显，虽然这次危机并没有对中国实体经济产生非常大的冲击，但危机中所暴露出的问题不能不引起人们对失衡增长结构的反思。李永友（2010）基于中国式治理模式，从财政视角利用实证数据分析了中国失衡增长的内生机制，他认为，中国失衡的增长结构和需求结构在某种程度上可以说是财政体制、财政制度和财政政策内生的结果。① 其实，当前中国经济的发展失衡，不论是在宏观上收入分配和公共服务的不均等，还是在微观上内需的相对不足，很大程度是由地方政府支出结构偏向造成的。因为对于一个政府主导型经济而言，财政支出结构反映的不仅是政府向公众提供什么样的公共服务，更反映了政府在整个经济社会中承担的职能和充当的角色。所以财政支出结构是否偏向，不仅对宏观经济产生直接影响，而且可以通过财政支出结构的变化间接影响微观经济的波动。正是基于上述思想，我们有必要从理论上研究财政支出结构偏向所带来的宏观经济效应，本书主要从经济增长、居民消费和城乡差距三个方面来体现地方财政政策失衡所带来的结果。

---

① 李永友：《需求结构失衡的财政因素：一个分析框架》，《财贸经济》2010 年第 11 期。

第二节　乘数效应减弱：经济高增长无法持续

一　财政支出与经济增长：总量还是结构?

关于财政支出与经济增长的关系，西方经济学家在理论和实证上做了大量相关研究。从亚当·斯密开始，人们就认为政府应尽可能减少市场干预，只扮演“守夜人”的角色，将财政支出视为非生产性经费，所以必须严格控制财政支出规模。直到凯恩斯主义的出现，政府的财政预算才获得了理论上的支持。随后，在新古典的索洛—斯旺（Solow - Swan）模型中，开始研究政府支出对经济增长的效应，通过把公共资本存量纳入宏观经济生产函数，研究发现公共资本存量具有生产性效应。在索洛—斯旺模型的基础上，各国学者对政府支出总量的经济增长效应进行了大量实证检验，但并没有获得统一的结论。拉姆（Ram，1986）利用 115 个国家 1960—1980 年的数据进行研究，发现政府消费的系数为正。也就是说，财政支出规模对经济增长具有正效应，而且这种正效应在低收入国家表现得更为明显。[①] 而福尔斯特和亨里克森（Folster and Henrekson，2001）运用 OECD 国家 1970—1995 年的面板数据对政府支出与经济增长之间的关系进行了实证研究，结果表明，发达国家的政府支出与经济增长呈负相关关系，政府支出增加 10%，经济增长率将降低 0.7%—0.8%。[②] 之所以在实证结果上存在分歧，因为长期以来财政支出作为一个整体，只是被经济学家们当作财政政策的一种，主要从总量的角度进行研究，严重忽略了财政支出的结构性问题。之后，在总量研究的基础上，很多经济学家逐渐认识到财政支出结构对经济增长的重要作用。基于内生增长理论，巴罗（Barro，1990）通过区分生产性和非生产性支出，研究了公共支出结构与长期经济增长率之间的关系，结果表明：政府财政对生产性支出投得越多，经济增长率就越高；而如果政府财政对非生产性支出投得越多，其对

① Ram，R.，Government Size and Economic Growth：A New Framework and Some Evidence from Cross - Section and Time Series Data. *American Economic Review*，1986：92 - 103.

② Folster，Stefan and Magnus Henrekson，2001，“Growth Effects of Government Expenditure and Taxation in Rich Countries”. *European Economic Review*，45（8）：1501 - 1520.

经济增长是不显著的，甚至具有负效应。[①] 巴罗的结论没有考虑政府非生产性支出对经济增长也可能产生影响，这是因为整个社会是一个有机的系统，如果政府仅仅重视对生产性支出的投入，而忽略非生产性支出对稳定和发展社会的功能，就会产生社会的不和谐发展，从而影响社会的稳定，并最终会拖累经济的增长。Devarajan、Swaroop 和 Zou（1996）的研究则更进了一步，在财政支出结构中，无论是生产性支出，还是非生产性支出，只要某项财政支出结构比与其他地方财政支出结构比的比值小于其对应的弹性系数比值，该项财政支出对经济增长的贡献就为正数，该项财政支出便是具有生产性的财政支出，因此生产性支出和非生产性支出在现实中并没有一个明确的界限。[②]

在国外理论和研究文献的基础上，国内学者也针对中国国情进行了相关讨论。郭庆旺等（2003）从社会总产品的供需平衡方程出发，构建了财政支出结构与经济增长关系的理论模型，其模型分析表明财政投资比率、财政物质资本投资占政府购买支出的比例、财政人力资本投资支出占财政购买支出的比例等与经济增长率密切相关。[③] 曾娟红和赵福军（2005）把财政支出作为变量引入内生经济增长模型，得出当经济增长率达到最大化时财政支出结构应当满足的条件：各项财政支出占总支出的比重等于该项财政支出的边际生产力贡献与财政总支出的边际生产力贡献之比，建议政府可以在财政支出规模不变的前提下调整财政支出结构来促进经济增长。[④] 廖楚晖（2006）运用面板数据分析方法对我国 31 个省、自治区和直辖市财政支出结构与经济增长的关系进行了实证分析，结果表明：地方财政支出对地区短期和长期的经济增长影响有密切的相关关系，一些地方生产性支出对长期经济增长并不具有促进作用。[⑤] 王新军（2010）采用我国 1979—2006 年分省面板数据，研究了分税制改革前后

---

① Barro R. J. , 1981, Output Effects of Government Purchase. *Journal of Political Economy*, 84: 343 – 350.

② Devarajan S. , V. Swaroop and H. F. Zou (1996) "The Composition of Public Expenditure and Economic Growth". *Journal of Monetary Economics*, Vol. 37, pp. 313 – 44.

③ 郭庆旺、吕冰洋、张德勇：《财政支出结构与经济增长》，《经济理论与经济管理》2003 年第 11 期。

④ 曾娟红、赵福军：《促进我国经济增长的最优财政支出结构研究》，《中南财经政法大学学报》2005 年第 4 期。

⑤ 廖楚晖：《地方政府公共支出结构与经济增长——基于中国省级面板数据的实证分析》，《财贸经济》2006 年第 11 期。

财政支出结构与经济增长的关系发现：在分税制改革前，基本建设支出和支农支出对地方经济增长产生了不利的影响，而科教文卫事业支出和代表政府公共消费的支出对经济增长产生了正面效应。①总之，国内学者基本上都把财政支出分成生产性支出和非生产性支出，或者按照地方政府的经济职能划分，然后通过计量估计出各类支出项目对经济增长的效应系数。然而，这种研究方法仅仅把财政支出结构看作外生变量，而没有使财政支出总量与结构在同一理论和计量模型里存在统一的联系，很难精确衡量财政支出结构偏向的消极影响。

基于上述理论分析和文献梳理，我们知道，经济学家主要从总量和结构两个方面来考察政府支出与经济增长的关系。但是，其实两者在本质上是同一个问题。虽然政府支出总量直接影响着宏观经济，然而，如果财政支出结构不合理，支出规模再大也不会有效促进经济增长。随着国家和地区经济发展水平的不断提高，夯实的财政收入完全可以有效地满足财政支出规模的要求，而财政支出结构的安排却越来越成为政府公共财政的挑战。因此，我们不再把财政支出结构作为外生变量，只有充分理解其形成的内在逻辑，才能更加有效地挖掘政府支出对经济增长的潜在效应。

二　财政支出结构偏向对经济增长的影响

改革开放以来，随着扩大地方政府财权、调动地方政府积极性的财政体制改革逐步深化，地方政府逐步演变成为代表本辖区经济利益的利益主体和独立的决策单位。然而以经济建设和行政管理支出为主，而不是以提供公共服务产品为主的财政支出结构表明，地方财政依然是建设型财政或经济型财政。由于财政支出大量用于基础设施和经济建设，加上其投资乘数作用，所以使投资成为主宰我国经济增长的推动力。同时，财政经济建设支出向重化工业、城市建设倾斜，削弱了对服务业和农村经济发展的支持，形成三次产业结构偏向。受政绩冲动影响，地方政府经济建设费用支出往往偏重于能很快“制造”GDP 或者服务于 GDP 增长的低门槛、低技术水平产业，其后果是 GDP 规模迅速放大，但资源消耗强度、环境污染程度也同步上升。最为重要的是，政府公共教育支出过低和增长缓慢的直接后果是整个国民受教育年限较少、劳动力素质较低、技术人才缺乏，产

① 王新军：《财政分权、地方公共支出结构与区域经济增长——基于 1979—2006 年省际面板数据的分析》，《山东大学学报》（社会科学版）2006 年第 5 期。

品安全、质量和产品技术创新水平提高缓慢。因此，目前地方财政支出结构的偏向严重阻碍了物质资本、人力资本及技术进步的积累，这将最终破坏实体经济的正常可持续发展，使宏观经济运行陷入恶性循环之中。

我们说，财政支出对经济增长的作用可以从凯恩斯宏观经济模型中财政支出乘数理论得到体现，增加政府支出对国民经济会产生一种“乘数效应”。乘数效应是一种宏观的经济效应，它是指经济活动中某一变量的增减所引起的经济总量变化的连锁反应程度。所以财政支出乘数是政府控制宏观经济的主要手段，它通过财政支出的变动来引致国民收入的倍增。但是，凯恩斯主义的乘数理论仅仅强调了财政支出规模在短期内对经济的扩张作用，而忽略了财政支出结构对乘数效应的影响。其实，财政支出乘数的大小在很大程度上取决于财政支出结构是否合理。科学合理的财政支出结构使得各类支出都能对经济增长发挥出应有的作用，从而成为地方政府发展经济的强大杠杆，而偏向的财政支出结构则会严重削弱各类支出的乘数效应，从而阻碍经济增长。

首先，从财政支出结构的整体性和系统性出发，财政支出的各个构成部分具有相互作用和相互影响性质。财政支出结构并不是这些组成要素的简单加总求和，财政支出总额是一定的，某一项财政支出所占比重有所上升，意味着其他项的财政支出份额的下降。单独考察某一项财政支出的经济效应与综合考虑各项财政支出的经济效应有所不同。也就是说，财政支出对经济增长的促进作用并不能仅仅依靠某一类支出，而是依赖一种优化合理的财政支出结构安排。一旦地方政府的财政支出结构出现偏向，那么财政政策对经济增长的积极作用将大打折扣，甚至制约经济增长的可持续。

其次，从资源配置的角度出发，如果整个财政支出结构的某一类支出相对于其他支出明显过多，那么随着该项支出的不断增加，它对经济增长的边际作用必然不断下降。这符合经济学中资源配置的基本规律——等边际法则。也就是说，地方政府的财政资源配置必须让每一类支出对经济增长的边际作用趋于相等，只有这样才能使稀缺的财政资源实现帕累托有效。但是，如果地方政府在财政支出的安排上有严重的偏向性。比如说，着重提高经济性支出而忽略民生性支出，那么健康、长期的经济增长难以为继。

最后，从公共财政质量出发，我们说，有效的公共财政不只是在数量上辖区政府具有庞大的财政支出规模，更重要的是拥有高质量的公共财政，而财政支出结构是衡量公共财政质量的主要指标。高质量的公共财政要求财政支出结构在经济动态发展中保持最优。也就是说，财政支出结构是一种动态的概念，它的变化与一个国家所处的经济发展阶段以及在该阶段上政府所追求的主要经济政策目标是一致的。如果该国经济发展滞后，生产力水平低下，经济快速增长是其主要的政策目标，那么相应的地方财政支出中用于经济建设的投资就可以多一些，支持经济建设的投资比重就可以高一些。如果该国生产力水平较高，经济发达，保持经济的稳定增长，提高社会生活质量是其经济政策的主要目标。相应的，教育、科技等社会公益事业的投资以及社会保障和福利支出就应比较多。而如果地方政府为了自身利益人为偏向或固化财政支出结构，必然带来公共财政的低质量，这将严重抑制经济的长期增长。

三　实证分析

（一）模型设定与数据说明

本书基于巴罗（1990）、Devarajan、Swaroop 和 Zou（1996）的分析框架，采用柯布—道格拉斯（Cobb Douglas）生产函数，具体形式为：$Y=AL^{\alpha}K^{\beta}G^{\lambda}$。为了分析财政支出结构对经济增长的影响，我们借鉴钞小静和任保平（2007）的研究方法，在财政支出中引入结构变量，检验不同种类支出的份额与经济增长的关系。g_1、g_3、g_4 和 g_5 分别表示经济建设支出（g_1）、科技支出（g_2）、民生（包括教育、医疗与卫生）支出（g_3）、农业支出（g_4）和行政管理支出（g_5）占财政总支出的比重①这样，总量生产函数就可转换为如下形式：

$$Y=AL^{\alpha}K^{\beta}G^{\gamma_1 g_1+\gamma_2 g_2+\gamma_3\gamma_3+\gamma_4 g_4+\gamma_5 g_5} \tag{3.1}$$

其中，$\lambda=\gamma_1 g_1+\gamma_2 g_2+\gamma_3\gamma_3+\gamma_4 g_4+\gamma_5 g_5$，两边取对数可得：

$$\ln Y=\ln A+\alpha\ln L+\beta\ln K+\gamma_1 g_1\ln G+\gamma_2 g_2\ln G+\gamma_3\gamma_3\ln G+\gamma_4 g_4\ln G+\gamma_5 g_5\ln G \tag{3.2}$$

本书引入各项支出的比重主要是出于所得参数经济意义的考虑，因为如果采用这样的函数形式，经过回归分析后得到的参数估计量就具有结构产出弹性的经济含义，它可以清楚地表示在财政支出规模保持不变的情况

① 很多文献里把科技划入民生支出的范围，但笔者认为，科技更多地表现为经济增长的要素，与现实中直接的民生不同，所以应该单独划为一类。

下，其各项支出比重每变动一个百分比所带来的经济增长的百分比。根据弹性公式，可以分别求得 $\gamma=\gamma_1+\gamma_2+\gamma_3+\gamma_4+\gamma_5$，$\gamma_1$、$\gamma_2$、$\gamma_3$、$\gamma_4$、$\gamma_5$ 分别为财政支出结构的产出弹性、经济建设支出的产出弹性、科技支出的产出弹性、民生支出的产出弹性、农业支出的产出弹性和维持性支出的产出弹性。上述弹性分别表示，在财政支出总量规模不变的情况下，某一支出项目比重增长1%时所引起的国内生产总值增加的百分比数，这样就可以用结构产出弹性来检验财政支出结构的偏向对经济增长产生的影响。根据最优财政支出结构的理论模型，财政支出各项有个最优比例来促进经济的增长。但是在现实中，各项支出的产出弹性很难算出，所以无法得出一个最优比例。然而可以根据计量结果，如果某项财政支出的比例增加导致了经济的负增长，就说明此项财政支出占总支出的比例远远超出或低于其最优比例，此时就应该建议减少或增加此项目比重，而如果某项财政支出的比例增加导致了经济的正增长，就说明此项财政支出占总支出的比例比较符合其最优比例，此时可以增加此支出项目的比重。

因此，根据相关文献和以上的分析框架，建立财政支出结构偏向对经济增长率影响的计量模型为：

$$y_{it}=\alpha_i+\alpha\ln L_{it}+\beta\ln K_{it}+(\gamma_1 g_1+\gamma_2 g_2+\gamma_3 g_3+\gamma_4 g_4+\gamma_5 g_5)\ln G_{it}+\varepsilon_{it} \tag{3.3}$$

$$y_{it}=\alpha_i+\alpha\ln L_{it}+\beta\ln K_{it}+\rho\ln G_{it}+\varepsilon_{it} \tag{3.4}$$

这里使用的是1998—2009年的省级面板数据。其中，下标 i 和 t 分别代表第 i 个省份和第 t 年，我们的样本包括了全国31个省、自治区和直辖市。α、β、γ_1、γ_2、γ_3、γ_4、γ_5 是系数，ε_{it}是残差项。为了更好地比较研究政府支出总量与结构对经济增长的不同效应，我们估计两个计量方程，模型（3a）是结构方程，模型（3b）是总量方程。本书收集了我国31个省级地区1997—2009年的横截面数据以进行实证分析。数据源于《新中国50年统计资料汇编》和《中国统计年鉴》相关年份。由于不同区域之间地方政府的财政支出结构存在差异性，故本书选取了全国、东部、中部和西部四个样本，其中东部包括北京、天津、河北、辽宁、上海、江苏、浙江、福建、山东、广东和海南11个省（区、市），中部包括山西、吉林、黑龙江、安徽、河南、江西、湖北和湖南8个省（区、市），西部包括重庆、四川、云南、贵州、陕西、西藏、甘肃、宁夏、青海、新疆、广西和内蒙古12省（区、市）。表3－1是估计的计量结果。

表 3-1　　财政支出结构偏向对地区经济增长率的影响分析

解释变量	模型1:全国样本	模型2:东部样本	模型3:中部样本	模型4:西部样本
C	-3.88232***	-3.46215***	-3.03768***	1.675529***
	(-9.8097)	(-19.5734)	(-4.08606)	-12.3054
log (CAPITAL?)	0.706397**	0.784208***	0.718438***	0.690846***
	68.7793	126.013	49.00943	167.775
log (LABOUR?)	0.761668***	0.661446**	0.59561**	0.000935**
	13.68256	26.59055	5.995395	0.04432
g_1 * log (G) (γ_1)	-0.01012**	0.013771***	-0.01399***	-0.02562***
	(-1.88484)	6.286909	(-1.34992)	(-35.244)
g_2 * log (G) (γ_2)	0.211089***	0.344427**	-0.06525***	0.277691***
	3.555701	15.53533	(-0.92508)	20.0355
g_3 * log (G) (γ_3)	0.030572**	0.011955***	0.032422**	0.063065*
	5.874506	5.534831	3.838344	42.39061
g_4 * log (G) (γ_4)	-0.02052*	-0.04285***	0.046885**	-0.00716***
	(-1.82483)	(-7.0432)	-4.382053	(-4.51772)
g_5 * log (G) (γ_5)	-0.01053**	-0.00123***	-0.00348*	-0.06096*
	(-1.92331)	(-0.56163)	(-0.31967)	(-36.9351)
$\gamma=\gamma_1+\gamma_2+\gamma_3+\gamma_4+\gamma_5$	0.005989	0.007067	0.010025	0.002663
log (G) (γ_5)	0.010517	0.013009	0.01453	0.012868
R^2	0.985357	0.983773	0.976972	0.983733
F-统计量	1326.464	7769.571	30717.89	715.4644
观测值	403	143	156	104
估计方法	OLS	SUR	SUR	SUR

注：***、**、* 分别表示回归系数显著性水平为 1%、5%、10% 下的显著水平，括号内为 t 值，固定效应或随机效应模型的选择通过 Hausman 检验来确定，模型 1 为全国样本的计量结果，模型 2、模型 3 和模型 4 分别是东部、中部和西部的计量结果。其中，$\overline{g_1}$、$\overline{g_2}$、$\overline{g_3}$、$\overline{g_4}$ 和 $\overline{g_5}$ 分别是各类财政支出项目比例的均值。

（二）计量结果与解释

首先，从表 3-1 的估计结果可以看出，对于全国的总样本来说，科技支出和民生支出的产出弹性系数为正，而经济建设支出、农业支出和行政管理支出的产出弹性系数为负，并且呈现出很强的统计显著性。上述计量结果基本上与相关经济理论和中国经济转型的典型事实相吻合。技术因素在经济增长中发挥的作用越来越大，内生经济增长理论认为技术进步是推动经济增长的主要因素，所以政府对于基础研究和技术开发的财政投入将促进技术进步从而实现经济增长。人力资本作为发达国家长期经济增长的决定性因素及其在持续性经济增长中所发挥的重要作用，已经被许多事实所证明。一般来说，人力资本的形成可归结为营养健康和教育两方面。所以，政府通过教育支出可以提高文化素质，医疗卫生支出可以提高身体素质，这将有效地提高劳动生产率。在“为增长而竞争”的推动下，我国地方政府的财政支出也变成以经济建设为中心，过多的经济建设支出虽然在短期内能积累大量的物质资本，但严重忽略了经济增长的系统性和可持续性。由于中国高度偏向城市的财政体系，地方政府在财政支出行为上必然偏向于城市。也就是说，地方政府会更注重保障富裕的城市人口而牺牲农村人口的福利（陶然，2007）。这将导致地方政府财政支农资金的短缺与低效率从而不利于经济增长。在各类财政支出中，行政管理支出与其他支出项目相比增速最快，主要表现为支出过度膨胀，行政机构编制始终无法走出“精简—反弹”的怪圈，同时腐败与“寻租”现象猖獗，政府机构办事效率低下，对经济发展产生了极大的负面作用。

其次，通过比较模型2、模型3和模型4发现，其一，对于民生支出和行政管理支出来说，三大区域产出弹性的系数符号是一致的：民生支出与经济增长呈正相关，行政管理支出与经济增长呈负相关。这反映出地方政府民生化进程和政府机构改革的迫切性。其二，财政支出结构对经济增长的影响存在着地区差异性。对于经济建设支出而言，中部和西部的产出弹性系数为负，而东部的产出弹性为正；对于科技支出而言，东部和西部的产出弹性系数为正，而中部的产出弹性为负；而农业支出，东部和西部的产出弹性系数为负，而中部的产出弹性为正。这说明由于不同的区域有着不同的财政支出结构，即使同一类支出项目在不同的财政支出结构中对经济增长会产生截然相反的影响，所以不能简单地评估某一项支出是否对经济增长有利，只有把它置于特定的财政支出结构安排才能准确衡量。最后，不管是东部地区、中部地区还是西部地区，各类支出项目的产出弹性系数既有正数也有负数，这说明三大区域的财政支出结构在不同程度上都存在着资源配置的偏向。

最后，为了更清楚地说明财政支出结构对经济增长的影响，本书还单独估计了在不考虑财政支出结构的情况下，财政支出总量对经济增长的产出弹性。然后，再经过简单的平均化估算，得出全国总样本和三大区域子样本的财政支出结构的产出弹性。通过比较两者大小，我们发现，如果不考虑财政支出的结构性，财政支出总量对经济增长的作用往往被高估，所以财政支出的结构效率比规模效率更加重要。

第三节　挤出效应显著：居民消费难以启动

一　政府支出与居民消费：挤出还是挤入？

关于政府支出与居民消费的关系，贝利（Bailey，1971）最早进行了研究，他发现在政府支出和私人消费之间可能存在一定的替代关系，即存在挤出效应。① 巴罗（1981）在贝利的基础上进行了深入研究，他认为政府支出的增加会通过财富效应和替代效应挤出一定的私人消费。② 之后的研究主要集中在政府支出对居民消费替代系数的估计方面，Aschauer（1985）使用霍尔（Hall）的最优化消费模型和推导出来的欧拉方程为基础构造了一个持久收入决定模型研究美国的相关数据，得出结论：美国的政府支出与居民消费之间存在显著的替代关系，替代区间为［0.23，0.42］。③ Amano 和 Wirjanto（1997）利用相对价格方法估计了美国的数据，具体分析政府支出与居民消费之间的跨期替代弹性，结论为美国政府支出增加 1 单位，居民消费将会减少 0.9 单位。④ 还有一些经济学家将研究范围扩大到多个国家或一定范围的经济区域来研究两者的关系。Tsung－wu Ho（2001）用 1981—1997 年面板数据对经合组织（OECD）24 个工业国政府支出与居民消费之间的关系进行欧拉方程的计量分析发现，政府支出与居民消费存在明显的替代关系，替代系数为 0.53872。⑤

---

① Bailey，M.J.，1971，*National Income and Price Level*. New York：McGraw－Hill.

② Barro，R.J.，1981，Output effects of government purchase. *Journal of Political Economy*，84：343－350.

③ Aschauer，D.A.，Fiscal Policy and Aggregate Demand［J］. *American Economic Review*，1985，75，pp.117－127.

④ Amano，Robert A. and Wirjanto，Tony S.，Letratemperal Substitution and Government Spending［J］. *The Review of Economics and Statistics*，1997，79（4）：605－609.

⑤ Tsung－wu Ho，The Government Spending and Private on Consumption：A Panel Integration Analysis［J］. *International Review of Economics and Finance*，2001，10：95－108.

以上研究证实了政府支出与居民消费之间存在某种替代关系，但另一些研究却得到了与上述文献完全不同的结论。卡拉斯（Karras，1994）用多国数据研究了政府支出与居民消费的关系，发现政府支出同居民消费之间存在一种互补关系，政府支出增加将提高居民消费的边际效用水平从而提高居民的消费水平。[①] Riccardo Fiorito 和 Tryphon Ko Uintzas（2004）利用欧洲 12 个国家的数据来研究政府支出对居民消费的影响，基于对政府支出的分类考察，公共消费被分为公共产品和有益品两大类，公共产品主要指公共秩序、公共安全、国防等，这类政府支出对居民消费是“挤出效应”；有益品主要是指教育、科技、卫生保健等，这类政府支出对居民消费是“挤入效应”。并且研究表明，有益品的挤入效应大于公共品的“挤出效应”，所以，总的来说，政府支出与居民消费是互补关系。[②]

近年来，在国外研究方法和成果的基础上，国内有关政府支出与居民消费之间关系的研究也取得了一些进展，但同样也没有得到一致的结论。胡书东（2002）从一般的理论框架出发，为我国政府支出和居民消费关系的研究提供微观基础，理论分析和经验检验相结合，得出结果表明：从总体上说，政府消费和民间消费是互补的关系，而不是替代的关系，即实施积极财政政策，扩大财政支出，加快基础设施建设确实有助于刺激民间消费需求。[③] 杨子晖（2006）的研究结果表明，1978 年以后政府与居民消费行为发生了结构性转变：政府消费的跨期替代弹性有了明显下降，而居民消费的跨期替代弹性及两者之间的期内替代弹性则有了显著的上升，且改革后政府和居民消费仍然保持着互补关系。[④] 基于代表性消费者均衡模型，姜洋等（2009）利用 11 个省份的面板数据分析政府消费与居民消费的关系及其影响程度。对面板数据的单位根检验和协整分析表明，中国的政府消费对居民消费产生长期替代效应，替代系数为 1.04—1.44；进一步分析省际的替代系数也验证了中国政府消费对居民消费的替代效应。[⑤] 苑德

① Karras, G., Government Spending and Private Consumption: Some International Evidence. *Journal of Money*, *Credit and Banking*, 1994, 26 (1): 9 - 22.

② Riccardo Fiorito, Tryphon Kollintzas, Pulic Goods, Merit Goods, and the Relation between Private and Government Consumtion [J]. *European Review*, 2004 (48): 1367 - 1398.

③ 胡书东：《中国财政支出和民间消费需求之间的关系》，《中国社会科学》2002 年第 6 期。

④ 杨子晖：《政府消费与居民消费：期内替代与跨期替代》，《世界经济》2006 年第 8 期。

⑤ 姜洋、邓翔：《替代还是互补？——中国政府消费与居民消费关系实证分析》，《财贸研究》2009 年第 3 期。

宇（2010）分别利用1998—2006年全国30个省及东部、中部、西部各地区所含省份的省际面板数据对分类财政支出的居民消费效应进行了实证分析。结果表明，科教文卫支出挤入了居民消费，政府消费性支出对居民消费有挤出作用，经济建设支出对居民消费的作用微弱；同类财政支出的居民消费效应在地区间显示出一定的差异性。①

根据上述国内外文献的回顾与梳理。我们知道，经济学家在分析政府支出与居民消费的关系时由于时期差异、数据的地域差异，以及采用不同的实证方法，可能会得出不同的结果。但是我们要试图说明的是，政府支出对居民消费的影响并不是固定不变的，既有可能表现为“挤入效应”，也有可能表现为“挤出效应”，在不同的经济环境和约束条件下，两种效应的大小将最终决定总体的影响效应。从上述分析可知，在研究政府支出对居民消费的效应时，仅仅从总量规模的角度进行考察是不够的，还必须看到政府支出的结构性对居民消费的潜在影响。政府不但要维持财政支出的总体规模以满足基本公共服务，还必须对支出结构进行合理调整才能充分发挥各类财政支出的相应功能，从而实现财政资源的优化配置。

二　财政支出结构偏向对居民消费的影响

为了扩大内需，从1998年以来我国就启动了积极财政政策，中央政府不断扩大财政支出规模，特别是2008年全球性危机的情况下，为了避免经济疲软，中央政府投入了4万亿元资金，试图强力拉动内需从而促进保证经济增长。然而，一系列的扩张性财政政策的效果并不明显，居民消费倾向依然在下降，内需增长缺乏动力。从图3－1可知，从1998年开始，居民消费率一直在降低。

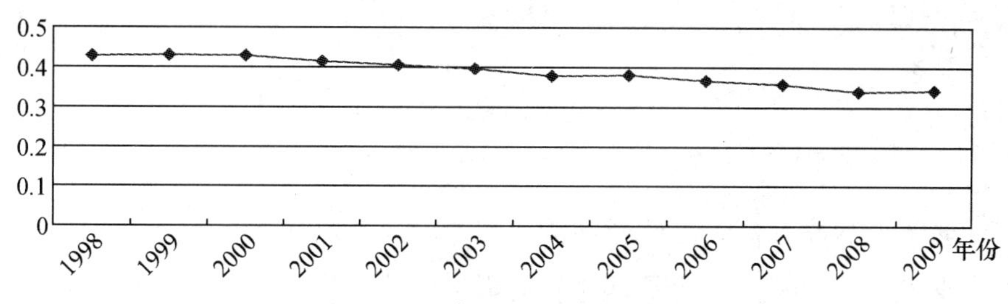

图3－1　地区平均居民消费率

资料来源：根据各期《中国统计年鉴》数据计算得来。

① 苑德宇、张静静、韩俊霞：《居民消费、财政支出与区域效应差异——基于动态面板数据模型的经验分析》，《统计研究》2010年第2期。

为此，许多学者开始重新思考政府财政支出与居民消费的关系。根据上述理论文献，我们知道，政府支出影响居民消费主要有两种效应：如果政府支出增加导致居民消费的总水平下降，则称政府支出对居民消费具有“挤出效应”；反之则称为具有“挤入效应”。但是，政府支出是否挤入（或挤出）居民消费，不仅要看政府财政支出的规模，更取决于财政支出的结构。合理优化的财政支出结构有利于居民形成有效的消费能力和理性的消费预期，从而具有显著的挤入效应；相反，偏向的财政支出结构则会严重削弱居民消费能力并且增加未来消费的不确定性，从而产生极大的“挤出效应”。根据西方经典消费理论，我们知道，收入是影响居民消费的主要因素，其中包括绝对收入、相对收入和持久收入。但是，在中国特有的转轨背景下，仅仅用收入来解释消费将无法真正理解居民的消费行为。因为在渐进性改革过程中，随着改革目标的不断设定和大规模的制度变革，人们很难对未来作出明确的预期，这将使行为主体在消费决策时面临极大的不确定性。居民为了应付这种不确定性而不得不选择增加大量的预防性储蓄以满足充分的心理安全感。从图 3－2 可以看出，居民的储蓄存款一直在高速增长，这表明消费的心理安全感越来越低。

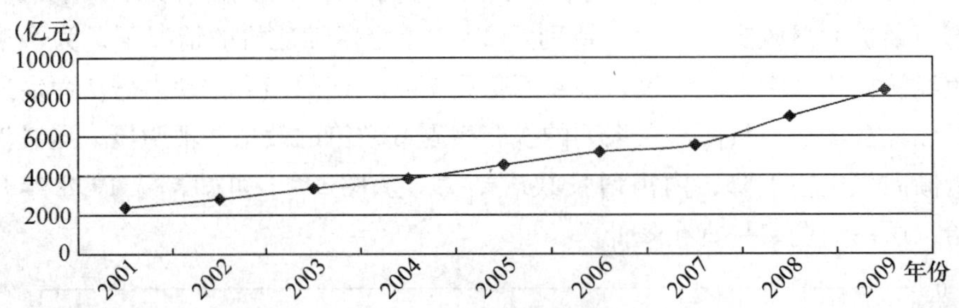

图 3－2　地区平均居民储蓄存款总额变化情况

资料来源：根据各期的《中国统计年鉴》的数据计算得来。

所以，与西方预防性储蓄理论不同，我国居民储蓄可能更多的是由于未来支出的不确定性，而不是收入的不确定性。其实，转轨过程中的不确定性在本质上是一种公共风险，个人的储蓄保险无法防范和化解这种风险，最终还得靠合理健全的财政制度来规避它。然而，自分税制以来，地方政府为增长而竞争，财政支出的投入基本上“以经济建设为中心”，对教育、医疗、住房和社会保障等公共服务领域的支出严重不足，再加上社会福利制度的市场化改革，给居民造成了严重的经济负担从而极大地挤出了居民消费。以医疗卫生为例，1993—2009 年，城镇人均居民医疗支出从 56. 89 元增加到 856. 41 元，增长了 15 倍，全国 40% 的城镇居民和 72% 的农村居民看病需要自费。[①] 同样，城乡居民教育支出的增长速度也远远超过了收入增长速度。居民用于医疗、教育等方面的不合理支出，一方面削弱了平均消费倾向和边际消费倾向，另一方面还严重挤压了其他商品和服务的消费。根据祁京梅（2008）的估算，和世界平均水平相比，2005 年，我国城乡居民用于教育和医疗的额外支出对其他消费产生的挤出效应竟达到 5810. 7 亿元。也就是说，如果政府对教育和医疗的财政投入到位（5810. 7 亿元仅占当年财政收入的 17. 2%），那么居民消费率将提高至 41. 3%。[②] 更为可怕的是，眼下中国房价的持续上涨，不仅引致了几代人即时消费能力的全面下降，而且还使得居民的未来消费能力也日渐萎缩。

因此，在中国转型和全球金融危机背景下，影响居民消费并不仅仅是增加收入问题，各级政府更多要做的是对居民消费实施预期管理，稳定消费预期和提升消费信心是当下启动内需的关键。但是，地方政府恶性竞争所导致的财政支出结构偏向无法为居民提供未来消费的信心保障；相反，它将严重打击居民的消费欲望从而固化原有的消费模式。

三　模型设定及其数据说明

为了研究政府支出与居民消费的关系，一般都借鉴贝利（1971）和 Tsung－wu Ho（2001）的做法，假设一个线性的有效消费函数为 $C_t^* = C_t + \theta G_t$，C_t^* 为居民有效消费，包括居民消费 C_t 与政府支出 G_t 两部分，系数 θ 表示 C_t 与 G_t 之间具有简单线性关系。然而，这种定义并未考虑不同类别的政府支出对居民消费的不同作用，因而 θ 值只能反映政府支出对消费的总量效应。于是，国内很多学者进一步把政府总支出划分为几大类，从而分别用 G_{1t}、G_{2t}、G_{3t}……表示。但是，这样做也仅仅是对政府支出总量进行了细分，并没有真正研究政府支出对消费影响的结构效应。为此，本书对模型加以改进，建立一个政府支出与居民消费具有不完全替代

---

① 根据各期的《中国统计年鉴》的数据计算得来。

② 祁京梅：《我国消费需求趋势研究及实证分析探索》，中国经济出版社 2008 年版，第 8 期。

性质的非线性居民有效消费函数，即 $C_t^* = C_t G_t^{\varphi}$，为了体现政府支出的结构性，我们借鉴钞小静和任保平（2007）的研究方法，把 φ 看作政府支出结构的消费弹性，即在总支出中各个分类支出比重的线性函数。[①] 具体在本书中我们假设 $\varphi = \beta_1 g_1 + \beta_2 g_2 + \beta_3 g_3 + \beta_4 g_4 + \beta_5 g_5$，其中，$g_1$、$g_2$、$g_3$、$g_4$ 和 g_5 分别表示经济建设支出（g_1）、科技支出（g_2）、民生（包括教育、医疗与卫生）支出（g_3）、财政支农（g_4）和行政管理支出（g_5）占财政总支出的比重，而 β_1、β_2、β_3、β_4、β_5 则分别表示各个分类支出的边际消费弹性。也就是说，政府支出在总量和结构上都影响消费，而且结构决定着总量，因为我们不再把政府支出总量看作简单的外生变量，它受内在的结构所制约：当结构处于优化状态，总量才能发挥应有的作用；当结构表现为系统性偏向，那么总量效应就可能减弱甚至起相反作用。基于上述思想，再根据经典理论文献和已有的相关研究方法，我们可以构建以下计量模型：

$$\ln C_{it} + \alpha_i + (\beta_1 g_1 + \beta_2 g_2 + \beta_3 g_3 + \beta_4 g_4 + \beta_5 g_5)\ln G_{it} + \eta \ln Y_{it} + \varepsilon_{it} \quad (3.5)$$

$$\ln C_{it} = \alpha_i + \phi \ln G_{it} + \eta \ln Y_{it} + \varepsilon_{it} \quad (3.6)$$

这里使用的是 1997—2009 年省级面板数据，其中下标 i 和 t 分别代表第 i 个省份和第 t 年，ε_{it} 是残差项。模型（4a）是结构效应方程，$\gamma = \beta_1 + \beta_2 + \beta_3 + \beta_4 + \beta_5$ 为政府支出结构弹性；模型（4b）是总量效应方程，ϕ 为政府支出总量弹性。C_{it} 是人均居民消费，Y_{it} 是人均居民可支配收入。β_1、β_2、β_3、β_4、β_5，ϕ，η 是待估系数，当 β_1、β_2、β_3、β_4、$\beta_5 > 0$ 时，说明某类政府支出将导致居民消费增加，从而该类政府支出对居民消费产生挤出效应；当 β_1、β_2、β_3、β_4、$\beta_5 < 0$ 时，说明某类政府支出将导致居民消费减少，从而该类政府支出对居民消费产生挤入效应。本书收集了我国 31 个省级地区 1997—2009 年的横截面数据进行实证分析。数据源于《新中国 50 年统计资料汇编》和《中国统计年鉴》相关年份。表3 -2 给出了相关变量的统计性描述。表 3 -3 是计量模型的回归结果。

四 计量结果与解释

（1）由表 3 -3 可见，经济建设支出对居民消费具有“挤出效应”，其中边际消费弹性为 -0. 021683（<0）。1994 年分税制以来，为了发展本地经济，各级地方政府努力扩大财源。在以增值税为基础的税收体制下，地方政

① 钞小静、任保平：《中国公共支出结构对经济增长影响的实证分析：1978—2004》，《经济评论》2007 年第 5 期。

表 3-2　主要回归变量的统计分析结果

变量	平均值	中位数	最大值	最小值	标准差
C_{it}	5159.751	4028.984	29572.000	1471.000	3920.649
g_1	0.187777	0.173371	0.443775	0.058991	0.071945
g_2	0.016453	0.013493	0.072019	0.003902	0.008532
g_3	0.299701	0.296036	0.412212	0.149288	0.05189
g_4	0.104091	0.101586	0.223701	0.022099	0.036183
g_5	0.250153	0.255546	0.419582	0.101338	0.048651
G_{it}	7546823	5074398	43343730	336300	7249297
Y_{it}	5797.964	4971.5	20102.66	1953.259	3076.769

表 3-3　财政支出结构偏向对居民消费的影响分析

变量	系数	标准差	t 值	显著性概率
C	0.574972	0.151612	3.792399	0.0002
$g_1 * \log(G)(\beta_1)$	-0.021683	0.007352	-2.94893	0.0034
$g_2 * \log(G)(\beta_2)$	0.053673	0.061182	0.877216	0.0380
$g_3 * \log(G)(\beta_3)$	-0.036393	0.008579	-4.2421	0.0000
$g_4 * \log(G)(\beta_4)$	0.011809	0.014909	0.792055	0.0428
$g_5 * \log(G)(\beta_5)$	-0.016024	0.007846	-2.04204	0.0419
$\ln Y_{it}$	0.952502	0.018295	52.06334	0.0000
$\gamma=\beta_1+\beta_2+\beta_3+\beta_4+\beta_5$	-0.008613			
log（G）	0.000854			
R^2	0.97169	F-统计量	1349.06	
调整的 R^2	0.96891	DW	1.5000	

府把大量支出用于增加重化工业和兴建基础实施，通过以投资为主要手段来快速促进经济规模的增加。据相关统计，全社会固定资产规模逐年扩大，特别是近几年，随着房地产业成为各级政府的支柱产业，房地产开发投资增速迅猛，这使得宏观经济表现为投资消费结构严重失衡，高投资率与低消费率并存。因此，地方政府的大量投资只能使产业的资本密集度不断提高，最终无法带来相应的就业增长，只会导致居民收入预期的不稳定，从而大大降低了消费倾向。

（2）民生支出对居民消费具有“挤出效应”，其中，边际消费弹性为

-0.036393（<0）。一般来说，民生支出能够促进居民消费。因为民生的本质是对财富的消费，政府通过民生支出就是希望能够给老百姓提供一个相对安全的消费环境。然而，地方政府只关注经济增长，忽略民生，极大地干扰了居民的消费预期。由于民生支出的不足，公共服务的短缺，社会保障体系的不健全，居民只好选择减少消费甚至不消费以应对未来生活的不确定性。因此，从全国总体情况来看，我国的社会保障不仅没有起到增加居民总消费的作用，而且挤出了部分居民消费。

（3）行政管理支出对居民消费具有“挤出效应”，其中边际消费弹性为-0.016024（<0）。与其他政府支出相比，行政管理支出具有其特殊性，属于非生产性的社会消费性支出，在经济资源一定条件下，如果政府用于行政管理的支出过多，将会直接增加纳税人负担，从而削弱居民的消费能力。统计数据显示，随着我国经济的增长，各种行政管理费也在不断增加，1997—2009年，各省平均行政管理费在10多年间增长了50多倍，在整个财政总支出中所占的比重也由4.71%上升到17.43%。[①] 因此，在现有财政收入的约束下，一旦用于行政管理的支出过多，政府就不得不挤占用于基础设施投资、教育、卫生等方面的支出，从而最终对居民消费产生了较大的“挤出”效应。

（4）科技支出对居民消费具有“挤入效应”，其中边际消费弹性为0.053673（>0）。政府投入科技支出的目的是实现技术创新，从而推动相关产业升级和结构调整，但同时也会增加居民的总消费。根据技术创新对象的不同，技术创新可以分为产品创新和工艺创新，这两种创新对于居民消费的作用是不同的。产品创新通过创造新的消费需求以满足高收入阶层的购买欲望，因为对他们来说，原有的低端消费品已经基本饱和，唯有靠产品创新才能刺激他们的消费。而工艺创新一般是通过增强本行业的竞争力，提高该行业就业者的工资水平从而增加消费。因此，各级政府应该重视对科技支出的财政投入，它将为我国扩大内需、启动居民消费找到一个新的突破点。

（5）财政支农对居民消费具有“挤入效应”，其中边际消费弹性为0.011809（>0）。自从中央提出“三农”问题以来，各级政府预算支出中用于确保支农的专项资金通过加强农村基础设施建设，促进了农民消费

① 根据各年份的《中国统计年鉴》的数据计算得来。

需求。因为改善农村消费环境是合理引导农民消费的着力点，只要农村道路、交通、水电和通讯等基础设施建设加快投入，这必然开拓农民的消费新需求、提升消费结构。特别是“社会主义新农村”政策的实施，中央的大量支农补贴和新型农村社会保险的筹建，不仅直接增加了农民收入，还形成了良好的消费预期，从而对农民消费具有较为显著的挤入作用。

（6）除了上述各类财政支出对居民消费产生不同效应以外，我们重点从政府支出总量和结构两个方面来考察政府支出和居民消费的关系。从表4－3中发现，总量与结构效应方程所估计的系数完全相反，也就是说，政府支出的总量弹性为正（0.000854＞0），而政府支出的结构弹性为负（－0.008613＜0），说明政府支出与居民消费的关系并不是简单的正相关还是负相关，它取决于总量弹性和结构弹性的大小。如果总量弹性和结构弹性都为正，说明政府支出在规模和结构上都比较合理，从而对消费具有挤入作用；如果总量弹性为负，结构弹性为正，说明政府支出结构较合理但规模不足；如果总量弹性为正，结构弹性为负，这说明政府支出规模虽然合理但结构偏向。因此，政府支出是否挤出（或挤入）居民消费，必须同时考虑政府支出的规模与结构，单独从一方面去衡量都是不准确的。本书的估计结果属于第三种情形，虽然从总量角度出发，政府支出挤入了居民消费，但是财政支出结构偏向对居民消费产生了极大的“挤出效应”，以至于抵消了总量的“挤入效应”。

第四节　马太效应增强：城乡差距不断扩大

一　发展战略、城市倾向的财政体制与城乡差距

关于城乡差距形成的原因，我国众多学者从不同角度进行了理论探讨，但主要还是从实证上分析城市偏向战略对城乡差距的影响及其偏向效应。陆铭、陈钊（2004）的研究表明，地方政府实施的带有城市偏向的财政政策使中国的城乡收入差距持续扩大，特别是户籍制度是拉大城乡收入差距的主要因素。① 江明融（2006）指出，中国各级地方政府实行城市

① 陆铭、陈钊：《城市化、城市倾向的经济政策与城乡收入差距》，《经济研究》2004年第6期。

偏向型的公共产品供给政策，造成了农村公共服务的短缺并无法公平享受公共产品带来的收益。① 程开明（2006，2007，2008）认为，城市偏向财政制度在一定程度上虽然加快了城市化进程，同时也制约了农民收入的快速提高和农村的经济发展，从而影响农民的消费能力和农村劳动力转移。通过实证验证发现，固定资产投资和财政支出方面的城市偏向越明显，城乡收入差距就越大。② 马光荣等（2008）发现，中国式的财政分权模式是拉大城乡收入差距的直接诱因，因为中央和地方的分权背景下，地方政府间的竞争驱动并激励了地方政府实施偏向的财政支出政策。③ 曾国安、胡晶晶（2008）认为，城市偏向的社会保障制度和城乡收入差距的形成与扩大密切相关，因为城市的社会保障制度变相地增加城镇居民的隐性收入，削弱了农民抑制经济风险的能力，同时也影响了农村人力资本的快速积累，从而降低农业劳动生产率，最终会扩大城乡收入差距。④

基于上述文献可以达成一个共识：城市偏向政策的实施扩大了城乡收入差距，固化了城乡二元经济结构，这种政策带来的只是片面的经济增长，而非社会经济的全面发展。但是，在当时的国际环境和特殊国情下，发展中国家选择城市偏向战略的行为本身是理性的，只是实施效果与其“赶超战略”的理想目标背道而驰（林毅夫，2002）。为了能够在短时间内实现工业化和城市化，从传统农业国迅速过渡到现代工业国，中国领导人选择了以优先发展重工业为目标的发展战略。然而，改革开放以后，中国仍然在实施城乡非均衡发展战略，形成了典型的二元经济结构，农业积累倾斜投资工业，财政投资的重点放在城市，造成了明显的城乡差别和工农差别。虽然家庭联产承包责任制使农村剩余劳动力得以解放，但由于工业化建设的重点仍在城市，各级政府在财政资源的配置上还是向城市倾斜，财政支农方面对农村建设和农业的投入仍然远低于城市。这种城市偏向的财政体制，在实施财政政策时表现为“重工业轻农业、重城市轻农村”的差别化财政支出，即财政大量投入城市，积极发展完善城市的基

---

① 江明融：《公共服务均等化：问题与对策》，《中南财经政法大学学报》2006 年第 3 期。

② 程开明：《从城市偏向到城乡统筹发展——城市偏向政策影响城乡收入差距的 Panel Date 证据》，《经济学家》2008 年第 3 期。

③ 马光荣、杨恩艳：《中国式分权、城市倾向的经济政策与城乡收入差距》，《制度经济学研究》2010 年第 1 期。

④ 曾国安、胡晶晶：《论中国城市偏向的社会保障制度与城乡居民收入差距》，《湖北经济学院学报》2008 年第 1 期。

础设施建设、城市居民的社会保障建设、城市居民教育等，必然导致城乡公共服务的非均等化。更重要的是，中央实行以 GDP 为核心的干部绩效考核机制，过多强调经济指标，地方政府官员必然更加关注任期内经济增长指标的高低。与工业相比较，农业生产周期长、承受自然风险和市场风险高、投资回报率低；农村教育等公共产品和服务的投入只能在长期内发生作用，短期内无法兑现为经济增长。另外，由于地方财政收入的主要源泉是城市里的第二、第三产业，经济增长的主要来源也是城市部门，所以地方政府对于优先发展城市、更多考虑城市利益和实施城市倾向的经济政策有着极大的热情，这种城市倾向的经济政策突出表现为"漠视"农村、农民和农业的各种政策（马光荣，2008）。因此，地方政府在短期利益的诱导下，容易将财政资源倾斜投向具有高收益率、见效快的工业和城市，而弱化农村投入，造成城乡财政资源分配不均衡。不仅如此，基层乡镇政府财权、事权不对称，严重弱化了其负担农村公共产品的能力。特别是 1994 年的分税制改革之后，各级政府出于自身利益的考虑，尽可能上收财权下放事权，导致位于最底层的乡镇政府一级财权和事权不匹配，财政收入来源极其有限，然而需要支出的公共服务范围却越来越广，这无疑加大了农民支出负担，最终使城乡居民人均收入差距进一步加大。

总之，城市偏向的财政体制是影响城乡差距的关键因素。地方政府为了快速发展本地经济，对于财政支出的投入必然"以城市为中心"，这导致了财政支出结构的人为偏向，最终影响农村的经济绩效和农民生活水平的提高，从而引起城乡差距的不断扩大。具体作用机制可以用图 3－3 表示。

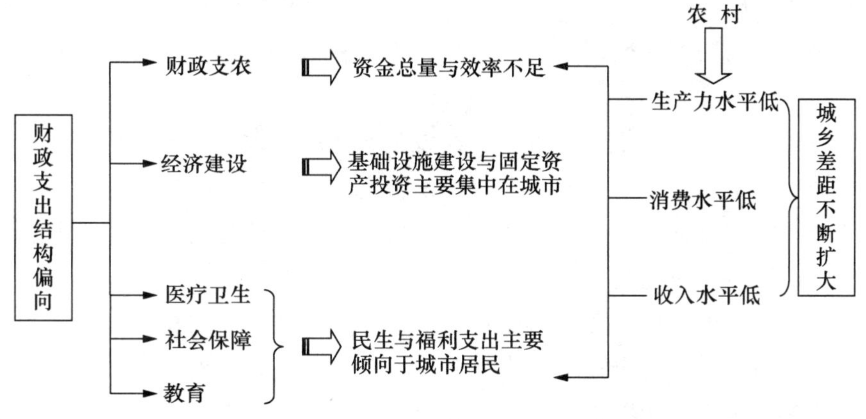

图 3－3　财政支出结构偏向影响城乡差距的作用机制

二　财政支出结构偏向影响城乡差距的实证分析

（一）模型设定与变量选取

为了分析财政支出结构偏向对城乡差距的影响，本书建立如下计量模型：

$$disparity_{it} = \alpha_0 + \alpha_1 exon_{it} + bias_{it} + \alpha_2 live_{it} \times bias_{it} + \alpha_3 agri_{it} + \rho X + \varepsilon_{it} \tag{3.7}$$

其中，下标 i 表示第 i 个地区，t 表示相应的年份，变量 *disparity* 表示城乡差距，本书从三个方面来度量，它们分别是非农产业与农业的产值比、城乡人均可支配收入比和城乡人均消费比，很显然，比值越大，说明城乡差距越大。*econ* 表示地方政府财政支出中经济建设支出，*agri* 表示地方政府的财政支农，*live* 表示地方财政支出中用于教育和医疗卫生的相关支出。*bias* 表示城市偏向的财政体制的制度变量，由于地方政府大部分的财政支出用于城市，所以用财政支出占 GDP 比重作为近似替代。*X* 是一系列控制变量，包括人均 *GDP*（*PGDP*）、城乡就业人口比（*URBAN*）和进出口总额占 *GDP*（*OPEN*）比重等方面。其中，人均 *GDP* 用来说明经济发展水平对城乡差距的影响。城乡就业人口比用于表示城市化进程，从理论上说，我们应该用城市人口与农业人口的比重来表示，但是由于暂时没有这方面数据样本，所以只能近似代替。最后，我们用财政支出占 *GDP* 比重来说明开放水平对城市差距的影响。除上述变量外，本章重点考察 $econ \times bias$ 和 $live \times bias$ 两个交互项，因为地方政府的经济建设支出和民生支出在城市偏向财政体制的影响下必然会导致农村居民无法共享均等化的公共服务。所以，通过交互项系数符号的估计，可以研究城市偏向的财政支出结构偏向对城乡差距的消极影响。表 3 - 4 是计量模型的回归结果。

（二）计量结果与解释

首先，从城乡产值差距来看，在城市偏向的财政体制下，经济建设支出与民生支出的交互项符号为正，这说明它们与城乡差距呈正相关。物质资本是经济发展的必要基础，也是生产力水平高低的主要标志。然而，由于中国长期以来实行的“重城市、轻农村”、“重工业、轻农业”的城乡差别化财政支出政策，各种财政资源配置倾斜于城市。以城乡全社会固定资产投资为例，城市全社会固定资产投资水平远远高于农村，再加上农村人口远多于城市，所以农村人均全社会固定资产投资更是远远低于城市人

表3－4　　　　财政支出结构偏向对城乡差距的影响

解释变量	模型1（城乡产值比）	模型2（城乡收入比）	模型3（城乡消费比）
C	-1.74045***	1.648077***	0.194237
	(-4.97909)	(6.724153)	(0.9440)
econ × bias	0.339055***	0.169225***	0.10454***
	(3.649549)	(3.320585)	(2.2351)
live × bias	0.396917***	0.08769***	0.078021***
	(3.905788)	(1.572078)	(1.4987)
agri	-1.36836***	-1.48738***	-1.57836***
	(-4.19355)	(-6.275)	(-6.8450)
PGDP	0.471023***	-0.00626	0.097632***
	(16.55802)	(-0.30924)	(6.1304)
URBAN	0.061889	0.135798***	-0.11718***
	(0.626414)	(1.837412)	(-1.8155)
OPEN	-0.09569***	-0.04139***	0.048256***
	(-3.51106)	(-2.07683)	(2.4689)
R^2	0.97	0.85	0.91
F-统计量	446.6025	234.56	189.12
观测值	403	403	403
估计方法	PEGLS	PEGLS	PEGLS

注：***表示回归系数显著性水平为1%下的显著水平，括号内为t值，固定效应或随机效应模型的选择通过Hausman检验来确定。模型1、模型2和模型3分别从生产力、收入和消费三个角度来考察城乡差距。

均水平（见图3－4）。由于农村基础设施建设受到忽视，造成农村地区的道路交通、供电、供水、通讯等基础设施不健全，这最终影响到农业生产力的提高从而使城乡产值差距的不断扩大（见图3－5）。同样，人力资本也是社会发展的软约束。地方政府通过财政投入，已经在城市建立了较为完备的教育体系。比较而言，政府对农村教育投入严重不足，虽然国家近几年在农村地区实行了免费义务教育政策，但是在办学条件和优质教育方面仍然与城市存在鸿沟，从而造成了农村人力资本的存量和积累严重不足。

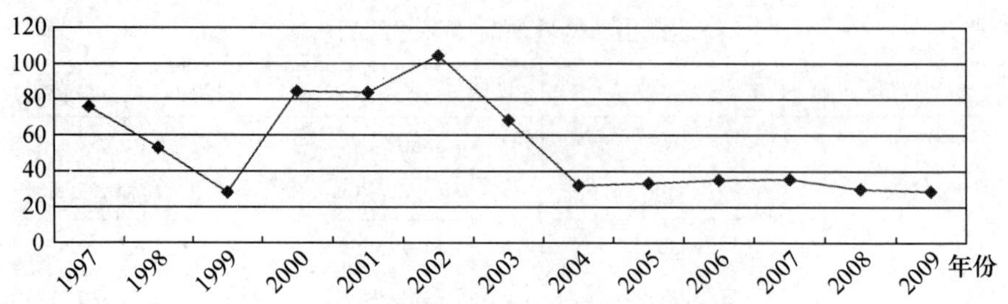

图 3 –4　城乡人均全社会固定资产投资比

资料来源：根据各年份《中国统计年鉴》数据计算得来。

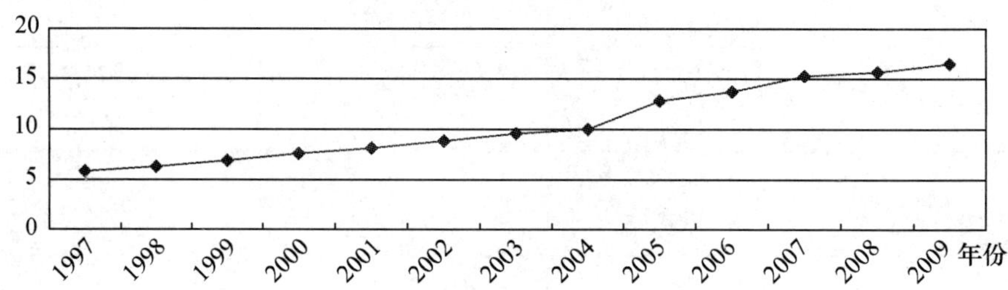

图 3 –5　城乡产值比

资料来源：根据各年份《中国统计年鉴》数据计算得来。

其次，从城乡收入和消费差距来看，经济建设支出与民生支出的城市化偏向是扩大城乡差距的重要原因，因为两者的交互项符号都为正，而且在统计上很显著。目前，我国社会保障、医疗、养老和住房等民生方面基本只惠及城市居民。作为基本公共服务，不论从政治权利还是公共财政上讲，每一位农民都应该与城市居民平等共享。然而，现实情况是城市在政府主导和财政资金大量投入下，已经建立起覆盖较为全面的社会保障体系，如最低生活保障制度等。而在农村，由于政府财政支出不足，造成农村社会保障的范围小、标准低，难以起到社会保障的作用。同样，在公共医疗卫生方面，与城市相比，农村投入严重不足，导致城乡居民公共卫生、医疗服务的不均等。正是由于城乡居民在基本公共服务上存在严重的人为分割，使得农村居民的收入和消费水平远远低于城市居民（见图3 –6 和图 3 –7）。

再次，作为农村发展的专项资金，财政支农与城乡差距呈负相关，这说明它有利于缩小城乡差距，所以地方政府应该加大对农业的财政投入，

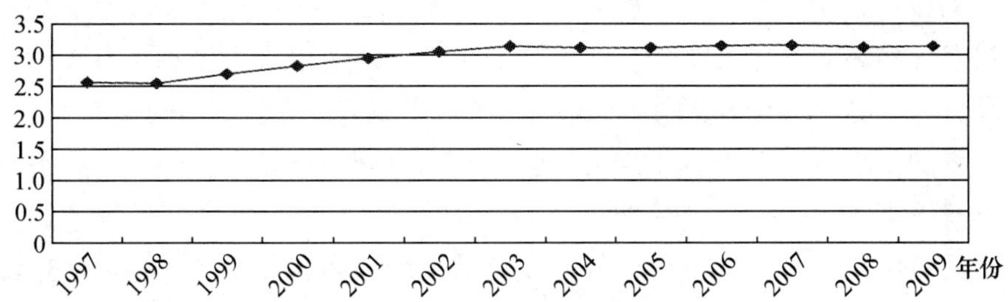

图 3－6　城乡消费比

资料来源：根据各年份的《中国统计年鉴》的数据计算得来。

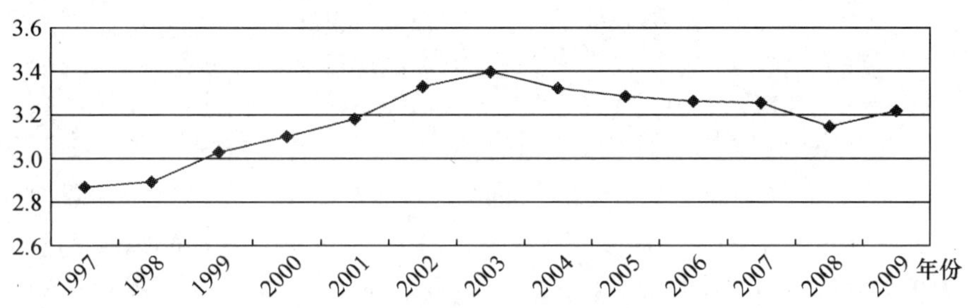

图 3－7　城乡收入比

资料来源：根据各年份的《中国统计年鉴》的数据计算得来。

确保财政支农资金总量的稳定增长。然而，长期以来，地方政府对农业的财政支出不仅有限，而且出现相对下降的趋势，如图 3－8 所示，财政支农力度和效率不足，是造成农村发展缓慢的重要因素。

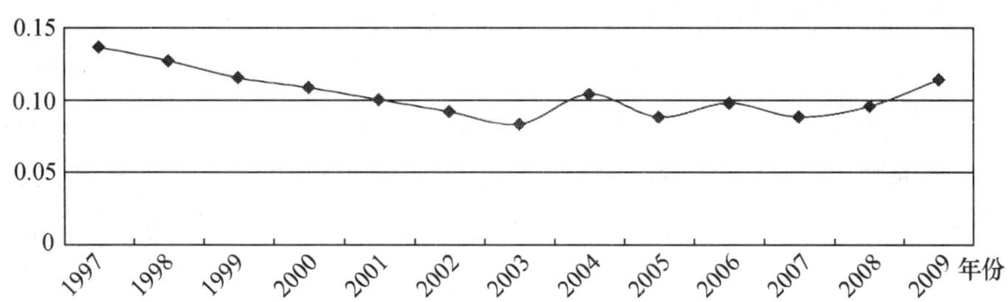

图 3－8　财政支农占财政总支出比重

资料来源：根据各年份的《中国统计年鉴》的数据计算得来。

最后，控制变量的系数符号基本与理论预期一致。经济发展水平的不断提高导致城乡产值和消费差距的不断扩大，同时也有利于缩小城乡收入差距，这符合库兹涅茨对国民收入的倒 U 形假说。另一方面，随着城市化进程的不断推进，城乡生产力和收入水平逐渐拉开差距，但农村居民也因此获得了城市化的正外部性，不断提升消费水平从而缩小与城市的差距。值得注意的是，地区的开放程度与城乡产值和收入比呈正相关，这说明城乡之间的协调合作有利于生产要素的合理流动和有效配置，从而缩小城乡差距。

第五节 本章小结

本章主要从“乘数效应”、“挤出效应”和“马太效应”三个维度来刻画财政支出结构偏向对宏观经济所造成的消极影响，基于中国省级面板数据的计量检验，可以得到以下结论：（1）对于全国的总样本来说，科技支出和民生支出的产出弹性系数为正，而经济建设支出、农业支出和行政管理支出的产出弹性系数为负。为了更清楚地说明财政支出结构对经济增长的影响，本章还单独估计了在不考虑财政支出结构的情况下，财政支出总量对经济增长的产出弹性。通过比较两者大小，我们发现，如果不考虑财政支出的结构性，财政支出总量对经济增长的作用往往被高估，所以对于经济增长而言财政支出的结构效率比规模效率更加重要。（2）通过比较总量和结构两个角度来研究和检验政府支出与居民消费的关系，结果表明，如果从总量角度出发，地方政府支出对居民消费具有挤入作用，说明财政支出的规模较为合理；但是从结构角度出发，地方政府支出对居民消费具有较大的挤出作用。（3）城市偏向的财政体制是影响城乡差距的关键因素。地方政府为了快速发展本地经济，对于财政支出的投入必然“以城市为中心”，这导致了财政支出结构的人为偏向，最终影响农村的经济绩效和农民生活水平的提高，从而引起城乡差距的不断扩大。

第四章　分税制、财政竞争与地方政府支出结构偏向

第一节　引　言

国内主流经济学文献一致认为，财政分权推动了“中国经济奇迹”的产生，因为中央政府把“地方政府的激励”搞对了，地方政府为了增长而竞争。但是，近几年许多学者的研究发现，中国地方政府间的财政竞争一方面使中国经济有了增长的动力，另一方面却使公共支出结构发生了系统性偏离。特别是1994年实行分税制以来，中国地方政府在安排支出结构上表现出明显的偏向性：在城市基础实施建设上热情高涨甚至过度供给，而在人力资本和公共服务上则缺乏动力、供给不足，这导致了普通百姓的住房难、上学难和看病难等社会民生问题越来越严重。理论和实证检验上研究财政竞争和地方政府支出结构之间关系的文献主要有乔宝云（2005）、傅勇和张晏（2007）、龚锋和卢洪友（2009）、李涛和周业安（2009）、乔俊峰（2010）、李永友（2010）等所做的工作。财政竞争究竟是福还是祸一直都是经济学家争论比较多的理论问题，那么中国地方政府间财政竞争是否在经济动态发展中按照经济增长的内在规律使公共支出效率得到了改善呢？我们认为，当前我国地方政府支出结构偏向的根本原因可能是存在财政竞争的负外部性。

所谓财政竞争负外部性，是指地方政府进行财政竞争时强加给对方的成本从而造成公共支出的无效率。正如市场主体为追求自身经济利益最大化而产生市场外部性一样，财政竞争负外部性的产生，在某种程度上也是各级政府追求自身财政利益最大化的结果。根据新制度经济学基本原理，制度安排是实现外部性内在化的最好途径，因为它可以激励和约束经济人

的行为从而消除外部性。所以，为了纠正地方政府财政竞争所带来的公共支出结构偏向，中央政府应该提供合理的制度安排，而不是简单片面地担忧财政竞争的负面效应，因为财政竞争本质是一个中性概念。可是目前我国正处于经济发展的转轨进程中，许多保障地方政府间良性竞争的制度安排并没有得到有效实施和合理建构。特别是现存转移支付制度的不合理，导致了中央和地方在财权和事权上的不对称，城乡二元户籍制度的存在限制了劳动力的完全流动，两者都在不同程度上影响了财政竞争的有效实施。

因此，为了更好地理解财政竞争及其对地方政府公共支出结构的影响，本章主要尝试研究两个问题：一是通过全面、客观地分析财政竞争的理论模型，从而重新理解财政竞争的经济学本质；二是通过计量模型的建构，来检验在财政均等化和劳动力流动的约束下我国地方政府间财政竞争对公共支出结构的影响，从而使我们认识财政竞争的有效实施需要相应的制度环境作为保障，这也在一定程度上解释了财政竞争在我国失灵的根本原因。

第二节　理解财政竞争：概念、争议与本质

一　什么是财政竞争？

财政竞争是近年来公共经济学最活跃和最具争议的研究领域，许多学者都对这种财政现象产生了浓厚的学术兴趣，从而积累了大量相关文献。但是每一位学者有着自己独特的研究视角和理论解读，对于究竟如何界定财政竞争的概念，众说纷纭并没有达成一致的见解。财政竞争最早也被称为税收竞争，所以后来学者们在其文献里经常把两者相等同。

Robert Tannenwald（1999）在《税收政策百科全书》（*Encyclopaedia of Tax Policy*）中把税收竞争定义为显性的和隐性的："一方面，地方政府积极参与显性的税收竞争，它们通过制定和设计相关的税收法规旨在以此吸引企业、居民、求职者与消费者向其辖区转移；另一方面，地方政府也参与隐性的税收竞争，它们为了减缓辖区间对抗竞争的程度转而追求其他的税收政策目标，比如说平等、中立、简单、收入充足率和税收输出

等。”①Wilson 和 Wildasin（2004）基于税收竞争形式多样性、内涵与外延的大小差异性对其定义进行了界定。首先，从最狭义的角度看，税收竞争是指同级地方政府为了吸引资本和劳动等流动性税基而采取的政策选择，从而影响了地方政府间财政收入的分配。由于竞争主体都是同级水平的地方政府，所以这种形式的税收竞争通常也称为横向税收竞争。其次，从比较狭义的角度看，税收竞争还包括不同层级政府间的竞争，这种税收竞争称之为垂直税收竞争。最后，从最广义的角度看，税收竞争是指在征税安排上政府间任何形式的非合作博弈行为。②

二　地方政府的理性选择：税负竞争还是支出竞争?

在早期税收竞争文献中，地方政府之间的竞争主要是通过税率手段所表现出的一种策略博弈行为，即在给定其他地方政府税率水平的基础上，某个地方政府该如何决定其税率。但是现实中，地方政府吸引资本流入并不是仅仅靠降低税负，通常也会通过提高公共支出水平来增加吸引力，所以研究财政竞争只把税率作为政策变量是不合理的。Wildasin（1991）认为，正如在研究垄断竞争模型中，厂商之间除了考虑产品的价格还要考虑产品的数量和质量一样，地方政府之间的财政竞争也要同时考虑税率和公共支出。基于上述考虑，他通过运用博弈论方法把地方政府财政竞争看作是两阶段博弈：第一阶段，各个区域的地方政府从税率和公共支出水平两个政策变量选择一个；第二阶段，给定第一阶段的决策选择，各个地方政府决定相应的税率或公共支出水平。Hauptmeier（2008）认为，地方政府之间的引资竞争可能会同时考虑运用税率和公共支出水平作为政策工具，因为现实中公共支出有助于提高私人资本的生产力，于是私人资本在选择投资区域时会同时权衡当地的税负和公共支出水平。通过理论分析推出二元反应函数 $t_i = f_t(t_j, g_j)$ 和 $g_i = f_g(t_j, g_j)$，然后基于德国 1100 个市级数据，利用空间计量经济学进行实证检验，我们发现地方政府之间的财政竞争并不像以往文献中所描述的那么简单，而是更具多样性和灵活性：如果某个区域降低了税负，那么它的邻居可能不仅仅会调整税负水平，也会考虑提高它的公共支出水平，比如增加基础设施、扩建公路网络等。Patrice

---

① Teather, Richard, “The Benefits of Tax Competition”. IEA Hobart Paper No. 153. Available at SSRN, 2005.

② Wilson, J. D., Wildasin, D., “Capital Tax Competiton: Bane or Boon”. *Journal of Public Economics*, nr. 88, 2004, pp. 1065 – 1091.

Pieretti（2009）进一步从理论和经验上考察了当地方政府存在人口数量和区域规模的差异时，它们在进行财政竞争时如何理性地选择政策变量。研究发现，当资本流动的成本较低时，大辖区通过提供较高的公共支出水平，可以在进行财政竞争时比小辖区能够获得较大的比较优势；当资本流动的成本上升到一定的幅度时，小辖区不必仅靠低税负来吸引资本流入，也可以通过高水平的公共服务留住企业；但是当资本流动成本过高时，小辖区的“税收天堂”政策无疑是一种占优的策略行为。

基于上述文献的理论研究，我们可以更加深刻地认识到：地方政府在进行财政竞争时，会根据辖区的自有禀赋在各种条件约束下基于成本—收益的考虑，作出最有利于本辖区经济发展的理性选择。

三 全面认识财政竞争的理论本质

财政竞争从表面上看是一种普遍的辖区间竞争行为，但实际上在这种现象的背后有着深刻的经济学机理作为支撑。一方面，从地方政府出发，不管是为了自身利益还是公共利益，它总是通过选择各种政策工具（其中主要是指公共支出政策）来吸引生产要素向其辖区内流动以获得最大化的经济增长，而资本和劳动力是辖区间争夺的焦点。由于公共投入提高了企业的生产力，与企业的私人资本形成互补，所以地方政府为了吸引资本而增加公共投入支出，同时为了吸引劳动力的迁入，提升人力资本而提高公共服务支出。另一方面，从资本和劳动力出发，企业通过权衡资本生产力来选择投资的辖区，而劳动力则会根据就业环境和公共服务水平作出是否迁移的决定。为了更加形象地阐释，我们可以用图 4－1 来表示财政竞争、公共支出结构与经济增长三者的内在联系。由图中可知，地方政府之间的财政竞争内生出相应的公共支出结构，从而形成资本和劳动力供给水平，最终决定辖区内的经济增长。所以，一旦把财政竞争置于一般均衡的视角之下，我们发现，地方政府为了在短期内快速发展经济可能会在公共支出方面偏向资本。但是这种偏向只是暂时的，因为资本生产力的提高会越来越依赖劳动力的互补，为了实现可持续的经济增长，地方政府必须在公共支出上给予劳动力平等的地位，从而被迫调整财政支出结构，以顺应经济增长的内在规律。

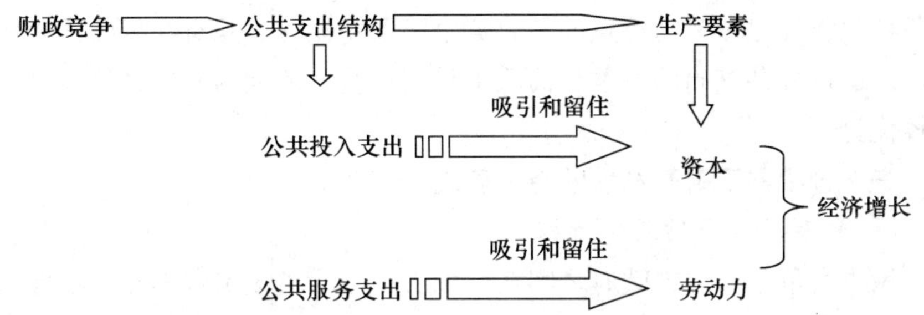

图 4-1　财政竞争、公共支出结构与经济增长的内在联系

第三节　我国地方政府间财政竞争的典型事实

新中国成立后，我国一直存在着地方政府间财政竞争，只是在不同的经济体制和财政关系下，地方政府表现出不同的竞争方式和政策选择。在计划经济时代，社会资源主要是由中央政府通过计划来配置，地方政府的自主权很少，地方财政也就难以成为一级真正独立的财政。在这种体制约束下，各级地方政府纷纷去中央各部委争取中央在地方的投资项目、争取中央的拨款等有限的财政资源，即通常所说的"跑部钱进"。对中央来说，各级地方政府都是兄弟，如同一个大家庭在各兄弟之间分配家产，因而此种竞争就被一些学者戏称为"兄弟竞争"。[①] 然而在财政包干制度下，由于放权让利改革战略和财政分灶吃饭体制的推行，地方自主权有所扩大，地方政府开始有了相对独立的经济利益。于是，各地区想方设法地采用各种税收优惠政策来低税招商，以较低的税率争夺更多的税源从而促进当地经济的快速发展，所以这一阶段地方政府间财政竞争基本上表现为税收竞争。随着 1994 年分税制的推行，由于市场化进程的加快，地方政府发现，仅仅依靠税费优惠未必能够吸引到高质量的企业和人才，这就迫使地方政府间财政竞争逐渐转向了财政支出方面，通过提供有效的公共投入和高水平的公共服务，以此吸引和留住更多的外部生产资源。所以，随着税收优惠手段的普及以及外商直接投资对投资环境要求的提高，以减免税

① 樊纲、张曙光：《公有制宏观经济理论大纲》，三联书店上海分店 1990 年版。

等各种税收优惠政策为特点的税收竞争将逐步淡化，只有在税收优惠的基础上，通过公共支出的竞争从而改善投资环境，才能为地方经济发展获得比较优势。①

一 分税制下财政竞争的特征表现

（一）税收竞争的总体特征

税收竞争是指地方政府之间在征税安排上为了吸引资本和劳动等流动性税基的非合作博弈行为。新古典增长理论认为，提高劳动和资本的所得税率一般会降低经济的稳态增长率，著名的拉弗曲线进一步告诉我们，边际税率的高低与税收收入和产出水平并不一定按照同一方向变化，因为过高的边际税率会对经济增长产生阻碍作用，导致税基缩小，税收收入相应减少。因此，地方政府会竞相降低税负从而吸引资本和增加财政收入。由于我国的财政分权制度最大的特点在于中央限定了税率从而没有赋予地方独立的税权，所以，从表面上看，我国地方政府似乎无法像国外地方政府那样进行完整的税率和税种的竞争。但实际上，在中国特有的经济体制下，地方政府有一定的灵活性来进行税收竞争，比如说一些发达地区的地方政府可以通过隐瞒信息从而采取包税制来平滑当地的跨期税负，这就降低了当地企业的实际税负。地方政府还可以通过土地收入和制度外收入的灵活调整来控制当地的实际税负。所以，实际上地方政府之间税收竞争是普遍存在的（郭杰、李涛，2009），但是，自从1994年中央推行分税制以后，

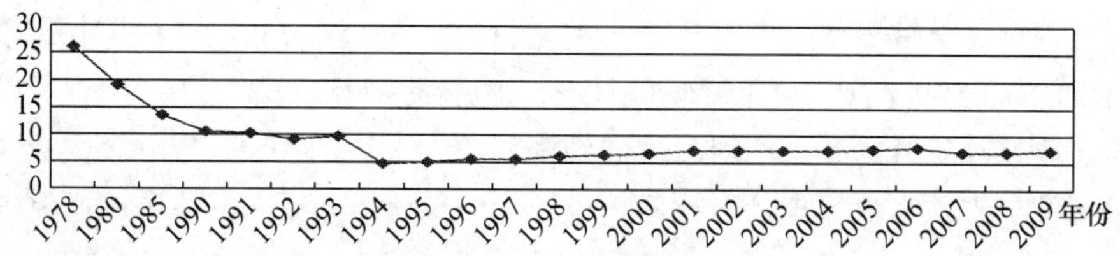

图4－2 改革开放以来省级地方政府的平均税负水平

资料来源：1978—1997年的数据源于陈抗（2002），其他的年份由笔者根据各年份的《中国统计年鉴》和《中国财政年鉴》的数据计算得来。

注：本书的税负水平采用小口径计算方法，即等于某地区税收收入占同期省内生产总值的比重。

---

① 张恒龙：《转型期中国政府间财政关系研究——一个竞争与均等化视角的分析框架》，上海社会科学院出版社2006年版。

以减免税等各种税收优惠政策为特点的税收竞争不再成为主流。图 4－2 显示，改革开放以来省级地方政府的平均税负水平的变化趋势，从图中可知，1994 年以前，税负水平一直处于不断递减的状态，而分税制之后税负水平趋于平稳，这说明在财政包干制度下，地方政府之间存在着激烈的减免税负的财政竞争，而到了分税制，地方政府的税负水平已不再成为财政竞争的主要工具。

（二）支出竞争的总体特征

地方政府财政竞争另一个重要的政策变量是政府公共支出。一般来说，公共支出影响经济增长的作用机制有两类：一类是能够影响劳动生产力有效供给的财政支出；另一类是影响物质资本存量生产率和有效供给的财政政策。另一方面，由于地区间存在激烈的财政竞争，劳动和资本等生产要素也会通过自由流动来选择最大化自身效用的辖区。所以，我们根据基恩和马钱德（1997）的界定，把政府公共支出划分为两类：一类是进入辖区居民效用函数的公共服务支出（public good），另一类是进入企业生产函数的公共投入支出（public input）。其中，公共投入支出主要指基础设施、交通和运输、企业研发投入和城市维护等有助于改善投资环境方面的支出，而公共服务支出主要包括用于满足辖区居民福利要求的科学技术、教育、医疗卫生和社会保障等方面的支出。图 4－3 和图 4－4 分别描述了分税制以来地方政府平均公共投入水平和平均公共服务支出水平的变化趋势。从图中我们可知，分税制下地方政府平均公共投入和平均公共服务支出水平一直在递增，特别是在 2006 年之后，平均公共服务支出递增的速度有着显著的提高。这就从侧面反映出地方政府间财政竞争的政策工具发生了转变，即实行分税制后，地方政府只有通过提供有效的公共投入和高水平的公共服务才能获得竞争优势。

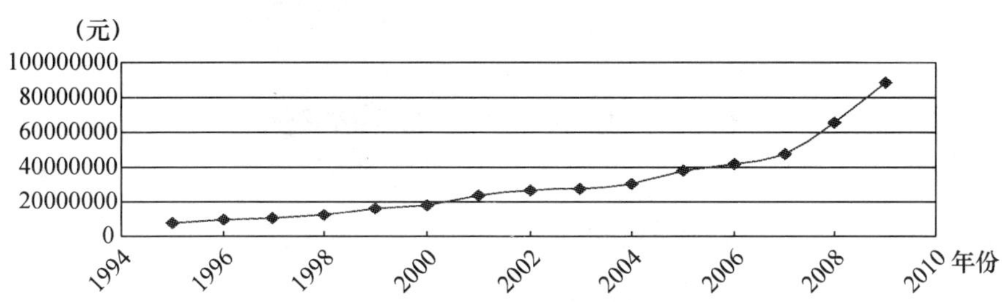

图 4－3　分税制以来地方政府平均公共投入水平

资料来源：根据各年份的《中国统计年鉴》和《中国财政年鉴》的数据计算得来。

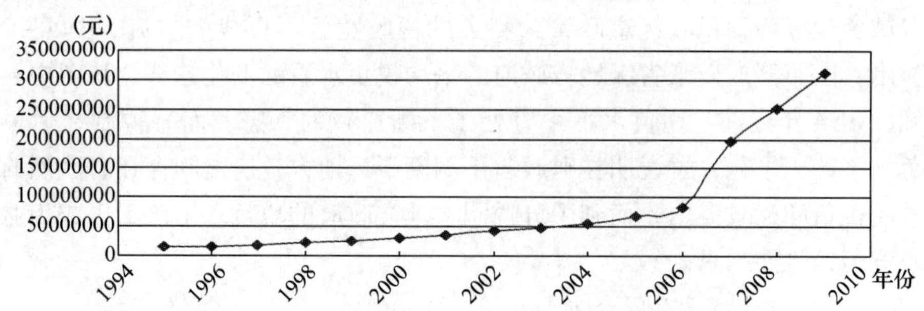

图 4 –4　分税制以来地方政府平均公共服务支出水平

资料来源：同图 4 –3。

（三）财政竞争的地区差异

由于我国地域广阔，各个地区经济发展水平存在较大差异，所以虽然各个地方政府都把发展本地经济，促进 GDP 快速增长作为首要目标，但地区产业结构和资源禀赋的差异使得不同地区地方政府在面临财政竞争时会选择不同的政策工具。图 4 –5、图 4 –6 和图 4 –7 描述了我国东部、中部和西部三大区域的平均税负水平、平均公共投入支出和公共服务支出水平。从图中可知，与中部相比，东部和西部的税负水平相对较高；与西部相比，东部和中部的公共支出水平相对较高。

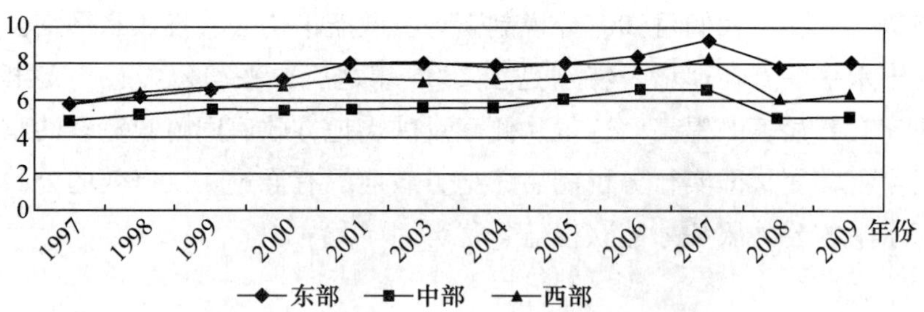

图 4 –5　东部、中部和西部的税负水平

资料来源：同图 4 –3。

二　实证分析

（一）模型设定与变量选取

为了研究财政竞争下地方政府税负、公共投入支出和公共服务支出三种政策工具之间的相互影响。我们根据傅勇（2007）、Hauptmeier（2008）和 Tatsuyoshi Miyakoshi（2010）等理论研究和计量分析建立如下模型：

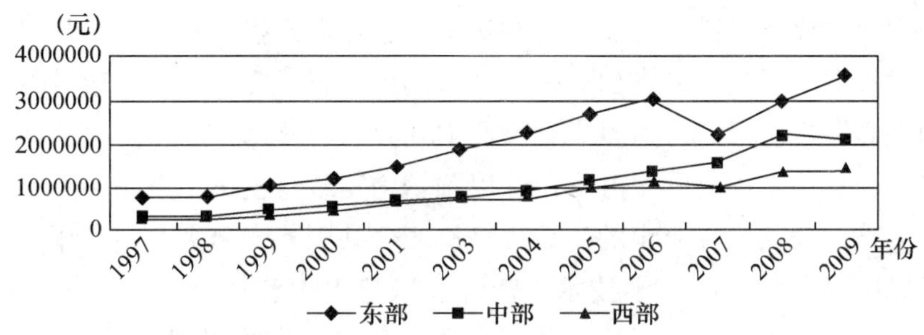

图4－6 东部、中部和西部的公共投入支出水平

资料来源：同图4－3。

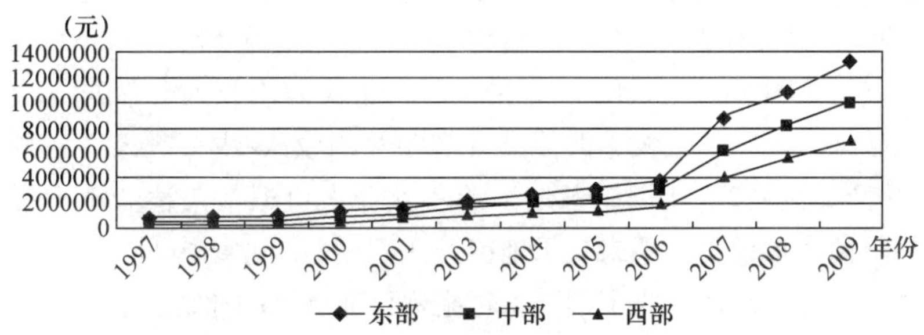

图4－7 东部、中部和西部的公共服务支出水平

资料来源：同图4－3。

$$y_{it} = \beta_1 TAXRATE_{it} + \beta_2 PI_{it} + \beta_3 PG_{it} + \beta_4 TAXRATE_{it} \times PI_{it} + \beta_5 TAXRATE_{it} \times PG_{it} + \beta_6 PI_{it} \times PG_{it} + pM + \mu_i + v_t + \varepsilon_{it}$$

这里使用的是1997—2009年的省际面板数据。其中下标 i 和 t 分别代表第 i 个省份和第 t 年，我们的样本包括全国31个省自治区和直辖市。β_1、β_2、β_3、β_4、β_5、β_6 是系数，ρ 是系数矩阵，ε_{it}是残差项，y_{it}被解释变量是地区的GDP增长率。*TAXRATE* 是税收负担，即小口径宏观税负，它等于税收收入占同期省内生产总值的比重。自从分税制以来，财政税收的大幅增长造成了我国各省的宏观税负不断提高。由于中国的税费改革进展缓慢，所以中国宏观税负的增加直接体现了中国的企业和居民税费负担的加重，这对宏观经济将产生不利影响。所以，我们预测 *TAXRATE* 的系数符号为负。*PI* 是公共投入支出，即省预算内公共投入支出除以预算内财政总支出，反映一个地区预算内支出中公共投入支出的比重。这里的公共投入支出主要指基础设施、交通和运输、企业研发投入和城市维护等有助于改善投资环境方面的支出。一个地区的公共投入支出有助于改善投资环境和提高资本生产力，所以本章预测 *PI* 的系数符号为正。*PG* 是公共服务支出，即省预算内公共服务支出除以预算内财政总支出，反映一个地区预算内支出中公共服务支出的比重。这里的公共服务支出主要包括用于满足辖区居民福利要求的科学技术、教育、医疗卫生和社会保障等方面的支出。公共服务支出提高了地区的居民福利环境，这将吸引大量人才迁入，从而增加了地区的人力资本，所以本书预测 *PG* 的系数为正。

M 是一组控制变量，它主要包括滞后一期的 GDP 增长率 [$\log(gdp_{it-1})$]、资本存量（CAPITAL）、劳动力供给水平、外商直接投资水平（FDI）、财政分权（FD）、产业结构调整，基于林毅夫（2000）、龚六堂（2005）和乔宝云（2005）等相关研究，我们用收入分权与支出分权的平均数来度量财政分权，即等于（省预算内收入/中央收入 + 省预算内支出/中央支出）/2。我们用各地区历年就业人口近似代替劳动力供给水平，用外商直接投资水平来表示地区开放程度，产业结构调整等于非农产业除以省内生产总值，为了消除上述指标可能受到的通货膨胀水平和人口规模的影响，我们在使用以上变量时需要以各省份消费价格指数（CPI）和总人口对它们进行调整，得到相应的人均实际指标。另外，为了保证变量数据的平稳性，我们对资本存量、劳动力供给水平和外商投资水平三个变量进行对数处理。根据相关文献的理论研究和计量分析，所有控制变量都对经济增长产生正效应，所以本章预计控制变量的系数都为正。

除了上述变量以外，本章重点考察 *TAXRATE*、*PI* 和 *PG* 三者之间的交互项（$TAXRATE \times PI$，$TAXRATE \times PG$ 和 $PI \times PG$），通过交互项系数符号的估计来研究三种政策工具的相互影响。根据我国分税制以来财政竞争的典型事实和相关的理论分析，我们可知财政竞争三种政策工具是相互补充、相互强化的，所以本书预计交互项的系数为正。本书的数据主要源于《中国统计年鉴》、《新中国五十年统计资料汇编》、《中国财政年鉴》和《中国人口年鉴》。

（二）计量结果及其相关结论

通过比较 Eviews 7.0 中的各种回归模型的回归结果，本章最终采用时刻个体固定效应模型对方程进行广义最小二乘估计。由于不同地域地方政府的政策选择存在差异性，所以我们分别对全国、东部、中部和西部的四个样本进行估计。通过分析实证结果，我们从中可以得到以下结论：

首先，通过交互项的系数符号可以分析税负、公共投入支出和公共服务支出三种政策工具的相互影响。由模型 1 可知，在全国样本范围下，三个交互项的系数符号为正，这说明了地方政府的三种政策工具是相辅相成的：公共支出的高水平需要高税负来支撑，高税负的负面影响在高水平公共支出的情况下也得到了相应的抵消，两类公共支出之间也是呈现相互补充和相互强化的关系。但是，另一方面，交互项的作用存在着地区的差异。从模型 2 和模型 3 我们发现，*TAXRATE* × *PI* 和 *TAXRATE* × *PG* 两个交互项的符号为负，这说明，由于东部和西部的地区税负相对较高，在一定程度上削弱了两个地区公共服务支出和公共投入支出对经济增长的拉动作用。

其次，我们在考虑交互项的情况可以估计出三种政策工具对经济增长的实际影响。在表 4－1 中，我们通过计算已经给出了税负、公共服务支出和公共投入支出对经济增长的边际影响。从计算结果我们可知，从全国范围上说，我国的宏观税负偏高，不利于经济增长；从地区差异上看，东部和西部相对来说税负较高。虽然 *PI* 和 *PG* 无论从全国还是地区来看都较好地促进了经济增长，但是两者的边际影响存在显著差异。对于全国来说，*PG* 的边际作用大于 *PI*，这可能是由于近几年来地方政府一直在财政上大力支持公共投入，导致了 *PI* 的边际作用逐渐递减，所以各地区下一步应该考虑如何重点加大公共服务支出，从而更加有助于经济的可持续发展。通过比较地区间政策工具的边际影响，我们可以发现在东部和中部的 *PI* 边际影响大于 *PG*，而在西部则相反，*PG* 的边际影响大于 *PI*。这说明一方面，东部和中部只有继续改善公共投入才能不断获得财政竞争的比较优势；另一方面，中央政府必须通过转移支付，让西部获得均等化的公共服务从而为实现地区平衡发展提供保障。

最后，从表 4－1 中可以看出，除了模型 2、模型 3 和模型 4 没有考虑 INDUSTRY、log（FDI）和 log（LABOUR）的外，资本存量（CAPITAL）、劳动力供给水平（labour）、外商直接投资水平（FDI）、财政分权（FD）、产业结构调整（industry）等控制变量的系数符号都为正。

表 4-1 财政竞争下地方政府政策选择对地区 GDP 增长率的影响分析

解释变量	模型 1：全国样本	模型 2：东部样本	模型 3：中部样本	模型 4：西部样本
TAXRATE	-0.02537 *** (-73.7348)	-0.01125 *** (-2.30875)	-0.06818 ** (-4.7405)	-0.03691 ** (-38.6773)
PI	-0.37298 *** (-38.0053)	-1.02455 *** (-10.4881)	-3.56769 ** (-5.53297)	-0.20498 ** (-9.81171)
PG	-0.2059 *** (-39.1668)	-0.47835 *** (-9.40981)	-1.1531 *** (-4.55909)	-0.11627 * (-9.72913)
TAXRATE × *PI*	0.025038 *** (31.73171)	0.022412 *** (3.41496)	0.320922 ** (4.433781)	-0.00903 ** (-4.21598)
TAXRATE × *PG*	0.02662 *** (54.25176)	-0.005 *** (-0.62919)	0.071084 ** (3.546244)	0.037156 * (22.00535)
PI × *PG*	0.772433 *** (32.76092)	3.522171 *** (10.80847)	5.275921 ** (5.304916)	1.217749 * (24.20813)
$\frac{\partial y}{\partial(TAXRATE)}$	-0.01186	-0.00886	0.01401	-0.02605
$\frac{\partial y}{\partial(PI)}$	0.060455	0.315916	0.431787	0.142181
$\frac{\partial y}{\partial(PG)}$	0.118843	0.126531	0.297487	0.362347
log（GDP）（-1）	0.710031 *** (639.5604)	0.553006 *** (283.9669)	0.576318 ** (397.1098)	0.562999 * (256.1061)
log（CAPITAL）	0.117046 *** (183.9219)	0.129875 *** (92.58233)	0.077663 ** (79.43389)	0.078564 * (81.10784)
log（LABOUR）	0.079337 *** (45.85387)	0.176766 *** (80.55681)	0.061928 ** (25.3914)	
log（FDI）	0.005032 *** (22.09716)	0.024769 *** (53.07438)		0.002168 * (7.023769)
INDUSTRY	0.012275 *** (39.10389)		0.028267 ** (109.2985)	0.097925 * (116.4573)
FD	0.182325 *** (149.4584)	0.209106 *** (164.6862)	0.911704 ** (254.8771)	0.40867 ** (88.86995)
R^2	0.98148	0.97995	0.97936	0.97118

续表

解释变量	模型1：全国样本	模型2：东部样本	模型3：中部样本	模型4：西部样本
F-统计量	3774.217	1976.926	1670.069	1456.309
观测值	372	132	108	144
估计方法	FE	FE	FE	FE

注：***、**、*分别表示回归系数显著性水平为1%、5%、10%下的显著水平，括号内为t值，固定效应或随机效应模型的选择通过Hausman检验来确定，模型1为全国样本的计量结果，模型2、模型3和模型4分别是东部、中部和西部的计量结果，同时模型2、模型3和模型4分别剔除了INDUSTRY、log（FDI）和log（LABOUR），其中，$\frac{\partial y}{\partial(TAXRATE)}=\beta_1+\beta_4\times\overline{PI}+\beta_5\times\overline{PG}$，$\frac{\partial y}{\partial(PI)}=\beta_2+\beta_4\times\overline{TAXRATE}+\beta_6\times\overline{PG}$，$\frac{\partial y}{\partial(PG)}=\beta_3+\beta_5\times\overline{TAXRATE}+\beta_6\times\overline{PI}$。

第四节　理论模型与检验命题

一　资本完全流动下的KM模型

我们假定在财政分权体制下除了一个中央政府以外，存在着许多具有相同初始禀赋的竞争性的地方政府。每个地方政府都可以运用税率和公共支出政策工具实施有效的财政竞争来吸引资本的流入，其中公共支出包括公共投入支出 PI 和公共服务支出 PG。基于基恩和马钱德（1997）和Hauptmeier（2008）的研究，公共投入支出 PI 有助于提高私人资本的生产力，从而进入生产函数；而公共服务支出 PG 有利于增进消费者的福祉，从而进入辖区居民的效用函数。公共支出仅由资本税融资，所以地方政府的预算约束是：

$$b=tK=PI+PG \tag{4.1}$$

为了重点研究公共支出结构，我们设定 λ 为公共投入用于总支出的比例，则 $PI=\lambda B$，$PG=(1-\lambda)B$。地方政府的生产函数为：

$$F=F(K,\ L,\ PI)$$

其中，K 为完全流动的资本，L 为辖区内无法流动的劳动力，PI 为公共投入支出。生产函数满足以下基本条件：

$$F_i>0,\ F_{ii}>0,\ F_{ij}>0,\ i\neq j=K,\ L,\ P$$

$$F_K(K,\ L,\ PI)=\rho+t \tag{4.2}$$

$$F_L(K, L, PI) = w \tag{4.3}$$

其中，t 为资本税率，ρ 为资本的净收益，w 为劳动力的工资。主流文献通常假设地方政府为仁慈型政府，所以地方政府会选择相应的公共支出结构使辖区内居民和企业的福利最大化，其中，$U = U(w, PG)$ 和 $V = V(\rho, PI)$ 分别表示居民和企业的效用函数。由于假定资本完全流动，所以对于所有辖区，$V = V(\rho, PI) = \bar{V}$。为了简化分析，我们假定 $L = 1$，生产函数为：

$$F = F(K, PI) = K^{\alpha}(PI)^{\beta} \qquad \alpha + \beta \leqslant 1 \tag{4.4}$$

辖区居民满足拟线性偏好的效用函数，即 $U = w + u(G)$，其中，$u' > 0$，$u'' < 0$，$w = F - F_K K = K^{\alpha}(PI)^{\beta} - (\rho + t)K$ 。显然，地方政府的最优化问题如下：

$$\max U = K^{\alpha}(\lambda b)^{\beta} - (\rho + t)K + u[(1 - \lambda b)] \tag{4.5}$$

求解一阶最优条件：

$$\frac{\partial U}{\partial \lambda} = K^{\alpha}\beta\ (PI)^{\beta - 1}\left(b + \lambda\frac{\partial b}{\partial \lambda}\right) - u'\left(b - (1 - \lambda)\frac{\partial b}{\partial \lambda}\right) = 0 \tag{4.6}$$

可以整理得：

$$[K^{\alpha}\beta\ (PI)^{\beta - 1} - u']\left(b + \lambda\frac{\partial b}{\partial \lambda}\right) = -u'\frac{\partial b}{\partial \lambda} \tag{4.7}$$

其中，$\frac{\partial b}{\partial \lambda} > 0$，$K^{\alpha}\beta\ (PI)^{\beta - 1}$ 为公共投入支出所产生的边际产量，u' 为公共服务支出所带来的边际效用，我们可知：

$$K^{\alpha}\beta(PI)^{\beta - 1} \leqslant u' \tag{4.8}$$

其经济含义为在实现均衡时，公共投入支出所产生的边际产量小于公共服务支出所带来的边际效用，而在最优情况下，两者应该是相等的。① 也就是说，地方政府为了引资而进行的财政竞争必然会选择一种偏向的公共支出结构，即公共投入支出过多，而公共服务支出偏少。以上结论与基恩和马钱德（1997）所推导的结果完全一致，由（4.8）式我们可知，地方政府只要从公共投入支出中转移一部分到公共服务支出，整个社会就能获得帕累托效率改进。

---

① 如果假定政府为最大化居民福利的仁慈的社会计划者，而且不存在由财政竞争所带来的负外部性，那么根据福利经济学定理，整个社会就会实现资源的最优配置。

二　财政均等化对财政竞争的影响

在上述基准模型中，我们假定政府间具有平衡的财政关系，然而现实中一方面由于地理环境、资源禀赋和行政能力的不同，同级地方政府之间往往财力相差悬殊，从而导致了财政能力的横向不平衡；另一方面，由于在财政分权体制下中央和地方政府之间的事权和财权划分不对称，从而导致了财政能力的纵向不平衡。根据 Buettner（2006）和 Hauptmeier（2008）的研究①，我们可知通过运用基于财政均等化的转移支付，中央政府可以降低财政外部性，从而有助于改善地方政府支出结构效率。为此，我们在基准模型的基础上引入财政均等化机制：$g = y - \mathfrak{g}K$，其中 K 为地方政府的财政税基，$\mathfrak{g}$ 为边际贡献率，y 为不考虑税基的中央转移支付总量，g 为考虑财政均等化的实际中央转移支付。由于存在中央转移支付，地方政府的预算约束变为：

$$b = P + G = (t - \mathfrak{g})K + y \tag{4.9}$$

为了分析财政均等化线性函数中 y 和$\mathfrak{g}$ 对地方政府支出结构的影响，我们把（4.9）式代入（4.7）式得到一个隐函数 $\Gamma(\lambda, t, \mathfrak{g}, y) = 0$，再利用隐函数定理可得②：

$$\frac{d\lambda}{d\mathfrak{g}} = \frac{\Gamma_{\mathfrak{g}}}{\Gamma_\lambda},\ \frac{d\lambda}{dy} = -\frac{\Gamma_y}{\Gamma_\lambda} \tag{4.10}$$

其中，我们假定地方政府最优化问题满足二阶条件，则 $\Gamma_\lambda < 0$。

$$\Gamma_y = \frac{\partial b}{\partial y}\left[(K^\alpha \beta P^{\beta-1} - u') + \frac{(\alpha+\beta)-1}{1-\alpha}K\beta P^{\beta-2}\lambda\left(b + \lambda\frac{\partial b}{\partial \lambda}\right) - u'' \right.$$

$$\left.(1-\lambda)\left(b - (1-\lambda)\frac{\partial b}{\partial \lambda}\right)\right] + \frac{\partial b}{\partial \lambda \partial y}[\lambda(K^\partial \beta P^{\beta-1} - u') + u''] \tag{4.11}$$

由于（4.11）式右边的第一项和第二项都无法确定符号，所以，Γ_y 和$\frac{d\lambda}{dy}$的符号也无法确定。

$$\Gamma_{\mathfrak{g}} = -\frac{1}{\frac{1-\alpha}{\beta}K^{-1}P - (t - \mathfrak{g})\lambda}b[\lambda(K^\alpha \beta P^{\beta-1} - u') + u'] \tag{4.12}$$

---

① Buettner（2006）和 Hauptmeier（2008）主要从财政均等化视角研究了德国的转移支付制度，本书中的财政均等化机制就是根据他们的研究成果而来的。

② 详细的讨论和数学证明见 Hauptmeier（2008）。

由于 $\frac{1}{\frac{1-\alpha}{\beta}K^{-1}P-(t-g)\lambda}>0$，$\lambda(K^{\alpha}\beta P^{\beta-1}-u')+u'>0$，所以 $\Gamma_g>0$，$\frac{d\lambda}{dg}>0$，更进一步地，根据 $g=\gamma-gK$，我们可知 $\frac{d\lambda}{dg}<0$。

命题1：各个辖区拥有大致均等的财政能力是财政竞争有效实施的前提，基于财政均等化的配置目标，中央转移支付可以弥补辖区政府的财力不足，促使地方政府重新调整财政支出结构，从而降低公共投入支出的比例。因此，只要中央政府能够有效地构建财政均等化制度，那么地方政府间的财政竞争并不会导致财政支出结构的偏向。

三　劳动力完全流动对财政竞争的影响

劳动力完全流动是指所有辖区居民可以根据自身偏好和辖区福利环境，通过自由迁移来实现效用最大化，即在达到均衡位置时，任何辖区给居民带来了相同的效用：

$$U(w,\ G)=\overline{U} \tag{4.13}$$

在资本和劳动力完全流动的情况下，$K=K(t,\ P,\ G)$ 和 $L=L(t,\ P,\ G)$ 分别表示两者的需求函数。基于公共经济学的大量文献，我们可知现实中地方政府介于“仁慈”与“利维坦”之间，即地方政府的行为目标既要满足自身利益，又要考虑辖区居民福利。我们用总产出扣除资本和劳动力的要素报酬后的经济租金来表达地方政府的效用函数，即 $R=F-F_KK-F_LL$，那么地方政府的最优化问题如下：

$$\max\Psi=U+V+R+\lambda(tK-P-G) \tag{4.14}$$

其中，$U=\overline{U}$ 和 $V=\overline{V}$，我们把地方政府的效用函数代入（4.14）式，则变为：

$$\max F-F_KK-F_LL+\lambda(tK-P-G) \tag{4.15}$$

求解一阶最优条件：

$$t:\ -K+\lambda(K+t\partial K/\partial t)=0 \tag{4.16}$$

$$G:\ L(U_G/U_w)+\lambda(t\partial K/\partial G-1)=0 \tag{4.17}$$

$$P:\ F_P+\lambda(t\partial K/\partial P-1)=0 \tag{4.18}$$

由（4.2）式、（4.3）式和（4.13）式可得：

$$\partial K/\partial t=F_{LL}/\Omega<0 \tag{4.19a}$$

$$\partial K/\partial G=F_{LK}(U_G/U_w)/\Omega>0 \tag{4.19b}$$

$$\partial K/\partial P=(F_{LP}F_{LK}-F_{LL}F_{KP})/\Omega>0 \tag{4.19c}$$

其中，$\Omega = F_{LL}F_{KK} - F_{LK}^2 > 0$，基于基恩和马钱德（1997）及 Matsumoto（2000）的理论研究，公共支出必须满足边际收益等于边际成本的原则，于是我们由（4.16）式、（4.17）式和（4.18）式可以给出判断公共支出效率的两个重要等式：

$$L(U_G/U_w) - 1 = -t(\partial K/\partial G + (\partial K/\partial t)L(U_G/U_w)/K) \quad (4.20a)$$

$$F_P - 1 = -t[\partial K/\partial P + (\partial K/\partial t)F_P/K] \quad (4.20b)$$

由（4.20a）式和（4.20b）式相减变成：

$$L(U_G/U_w) - F_P = t\left(\frac{\partial K}{\partial P} - \frac{\partial K}{\partial G}\right) + \frac{t}{K}\frac{\partial K}{\partial t}[F_P - L(U_G/U_w)] \quad (4.20c)$$

整理（4.20c）式可得：

$$L(U_G/U_w) - F_P = \frac{t}{1 + e_{K/t}}\left(\frac{\partial K}{\partial P} - \frac{\partial K}{\partial G}\right) \quad (4.21)$$

其中，我们把 $e_{K/t}$ 定义为资本的税率调整弹性，它表示税率变化一个百分比所带来的资本数量百分比的相应变化，其绝对值大小在 0—1 之间①。$e_{K/t}$ 的大小也反映出地方政府在进行财政竞争时选择政策工具的倾向性，如果 $e_{K/t}$ 较大，那么地方政府就会偏向运用税率作为竞争工具，而 $e_{K/t}$ 较小时，地方政府间就会倾向于进行支出竞争。$\left(\frac{\partial K}{\partial P} - \frac{\partial K}{\partial G}\right)$ 则表示公共投入支出和公共服务支出的边际增量（减量）所带来的资本的边际增量（减量）之差。（4.21）式左边表示公共服务支出的边际收益与公共投入支出的边际收益之差。我们说在实现最优解时，两者之差应该为零，但是由于财政竞争所带来的外部性只能产生次优解，即我们希望两种公共支出的边际收益之差的绝对值尽可能很小以至于接近于零。从（4.21）式中得知：第一，当 $\frac{\partial K}{\partial P} > \frac{\partial K}{\partial G}$ 时，则 $L(U_G/U_w) > F_P$，这说明只要公共投入支出能带来更多私人资本的边际增量，那么地方政府就会倾向于增加公共投入支出，这就是 Keen 和 Marchand（1997）所研究的情况。第二，如果私人资本和劳动力具有强互补性，那么劳动力的流出也会带动资本的流出，所以地方政府为了吸引资本，必须同时考虑劳动力的迁移。对于企业来说，如果 $\frac{\partial K}{\partial G} > \frac{\partial K}{\partial P}$，那么地方政府就不得不为了引资而改变公共支出结构，从

① 关于 $e_{K/t}$ 的详细说明可参见 Bénassy - Quéré（2007）。

而增加公共服务支出。第三，两种公共支出的边际收益之差和资本的税率调整弹性 $e_{K/t}$ 成正比，这说明地方政府间普遍进行支出竞争时，可以改善公共支出效率。

命题2：当资本和劳动力都完全流动时，辖区政府会把资本和劳动力放在同等重要的位置。一方面，财政竞争可能会使辖区政府选择倾向于增加公共投入支出；另一方面，鉴于私人资本和劳动力呈现强互补性关系，财政竞争也将迫使辖区政府改变公共支出结构，从而相应地增加公共服务。至于哪种情况会发生，取决于现实中两类公共支出对于生产要素的吸引程度。

第五节　计量模型的构建与实证检验

一　模型设定、变量选取与统计分析

为了验证以上命题是否与现实观察一致，根据 Zhuravskaya（2000）、Faguet（2004）以及张军、高远、傅勇、张弘（2007）等理论研究和计量分析，本书建立如下模型：

$$PI_{it} = \beta_1 \log(FC_{it}) + \beta_2(FC_{it} \times GRANTS_{it}) + \beta_3(FC_{it} \times LM_{it}) + \rho M + \mu_i + v_t + \varepsilon_{it} \quad (4.22)$$

$$PG_{it} = \beta_1 \log(FC_{it}) + \beta_2(FC_{it} \times GRANTS_{it}) + \beta_3(FC_{it} \times LM_{it}) + \rho M + \mu_i + v_t + \varepsilon_{it} \quad (4.23)$$

这里使用的是1997—2009年的省际面板数据。其中下标 i 和 t 分别代表第 i 个省份和第 t 年，我们的样本包括全国31个省自治区和直辖市。β_1，β_2，β_3 是系数，ρ 是系数矩阵，ε_{it} 是残差项，被解释变量 PI 和 PG 分别是公共投入支出和公共服务支出。M 是一组控制变量。下面分别对各个变量进行详细说明。

PI：省预算内公共投入支出/预算内财政总支出，反映一个地区预算内支出中公共投入支出的比重。这里的公共投入支出主要指基础设施、交通和运输、企业研发投入和城市维护等有助于改善投资环境方面的支出。

PG：省预算内公共服务支出/预算内财政总支出，反映一个地区预算内支出中公共服务支出的比重。这里的公共服务支出主要包括用于满足辖区居民福利要求的科学技术、教育、医疗卫生和社会保障等方面的支出。

FC：省 FDI 除以全国 FDI 总额，反映地区间财政竞争的程度。正如前文分析，地方政府开展财政竞争的，重要手段就是“招商引资”，尤其是竞相吸引外商直接投资。我们根据张军等（2007）以地方政府实际利用的 FDI 数量作为代理变量。但由于影响 FDI 因素很多，特别是一些外在的因素影响很大，某省在某一年份实际利用的 FDI 绝对数量下降并不意味着该省财政竞争能力有所下降。因此本章采用郑磊（2008）的定义，以各省实际利用的 FDI 占当年全国实际利用 FDI 的比重作为衡量政府竞争度的代理变量。另外，为了检验我国财政竞争在动态中是否改善了公共支出结构，我们用 log（ FC）来表示财政竞争的动态变化。

GRANTS：省转移支付除以全国转移支付总额，反映了地区间转移支付所占的比重。由于地区经济发展水平和公共服务存在巨大差距，中央政府为了保证各级政府有较均衡或均等的财政能力来把政府间转移支付作为促进重要政策目标的工具，所以本章用它来作为财政能力均等化的代理变量。

LM：某省从业人口占全国从业总人口的比例，反映了一个地区对劳动力的吸引程度。随着经济不断发展和区域经济一体化步伐的加快，作为重要的生产要素，劳动力将逐步流向能为自己创造更多财富和获得高质量生活环境的辖区。但是，目前我国“城乡分割”的户籍制度严重约束了 Tiebout 机制的有效实施。鉴于我们从统计年鉴中无法获得每个地区城乡劳动力迁移的准确数据，很多学者通过引入净移民率（即年底人口增长率与人口自然增长率之差）来近似作为劳动力流动的代理变量。然而，本章所讨论的劳动力流动机制主要基于户籍约束下劳动力对于就业环境的选择，所以地区从业人口比重比净移民率更能反映我国国情条件下劳动力流动的实质。本章用它来作为劳动力流动的代理变量。

M 是一组控制变量，主要包括地区 GDP 水平、总人口（POP）、财政收入（FI）、开放程度（OPEN）、财政分权（FD）、产业结构调整（industry）。基于林毅夫（2000）、龚六堂（2005）和乔宝云（2005）等相关研究，我们用收入分权与支出分权的平均数来度量财政分权。我们用进出口贸易总额除以 GDP 来表示地区开放程度。产业结构调整等于非农产业除以省内生产总值。为了消除上述指标可能受到的通货膨胀水平和人口规模的影响，我们在使用以上变量时需要以各省份消费价格指数（CPI）和总人口对它们进行调整，得到相应的人均实际指标。另外，为了保证变量数据的平稳性，我们分别对总人口、财政收入和开放程度三个变量进行对

数处理。

除了上述变量以外，本书重点考察 GRANTS、LM 和 FC 之间的交互项（FC × GRANTS 和 FC × LM），通过交互项系数符号的估计来研究分权背景下财政均等化和劳动力流动对财政竞争的影响。根据本书的理论假设，随着中央政府逐渐实现均等化的转移支付，同时不断改革传统户籍、就业等制度约束从而真正实现劳动力的自由流动，财政竞争的有效实施将获得相应的微观基础和制度保障，所以，在长期中财政竞争是动态有效的。但是，分税制以来地方政府间的财政竞争造成了公共支出结构的偏向，这主要是由于现存转移支付制度和户籍制度的不合理在短期内影响了财政竞争的有效实施。为了检验是否存在这种负面影响，我们有必要借助交互项进行实证考察。本书的数据主要源于《中国统计年鉴》、《新中国五十年统计资料汇编》、《中国财政年鉴》和《中国人口年鉴》。表 4 – 2 汇报了主要回归变量的统计分析结果。

表 4 – 2　　主要回归变量的统计分析结果

变量	平均值	中位数	最大值	最小值	标准差
PG	0. 336476	0. 300233	0. 626746	0. 161004	0. 102872
PI	0. 181563	0. 165182	0. 422523	0. 072738	0. 068849
FC	0. 031529	0. 011301	0. 288157	0. 000234	0. 049507
GRANTS	0. 032254	0. 033655	0. 092581	0. 005654	0. 014340
LM	0. 463860	0. 491000	0. 763000	0. 051190	0. 155526
INDUSTRY	0. 825325	0. 8429	0. 992435	0. 620892	0. 261991
GDP	126. 7128	93. 32647	723. 9038	20. 57682	108. 3274
POP	4114. 142	3762. 000	9717. 000	248. 0000	2618. 168
FI	1243. 207	670. 4363	13223. 83	104. 7475	1738. 376
OPEN	25. 90958	9. 682603	168. 9827	2. 492958	35. 28346
FD	0. 760368	0. 582242	3. 508758	0. 139423	0. 610599

二　面板数据检验与计量结果分析

由于使用的是面板数据，我们首先针对各变量进行平稳性检验，检验方法不同于时间序列的单位根检验，我们主要依据 Levin – Lin – Chu 方法进行面板数据平稳性检验，检验结果见表 4 – 3。从表中我们可以发现经过 Levin – Lin – Chu 单位根检验，所有变量都是平稳的，因此可以对它们进行直接回归分析。

表 4 –3 面板数据 Levin – Lin – Chu 单位根检验结果

变量	Levin – Lin – Chu 统计量	P 值	结论
PI	–12.3078	0.0000	稳定
PG	–12.3554	0.0000	稳定
FC	–5.66172	0.0000	稳定
GRANTS	–9.67021	0.0000	稳定
LM	–10.5148	0.0000	稳定
INDUSTRY	–9.23474	0.0000	稳定
GDP	–12.7308	0.0000	稳定
log（*POP*）	–12.4511	0.0000	稳定
log（*FI*）	–4.70121	0.0000	稳定
log（*OPEN*）	–3.51873	0.0000	稳定
FD	–1.92129	0.0000	稳定

我们在回归的时候，权数选择了按截面加权（cross – section weights）的方式，对于横截面个数大于时序个数的情况更应如此，表示允许不同的截面存在异方差现象。估计方法采用了面板校正标准误（Panel Corrected Standard Errors，PCSE）方法。贝克和卡茨（Beck and Katz，1995）引入的 PCSE 估计方法是面板数据模型估计方法的一个创新，可以有效处理复杂的面板误差结构，如同步相关、异方差、序列相关等。在面板数据模型形式的选择方法上，我们经常采用 F 检验决定选用混合模型还是固定效应模型，然后用 Hausman 检验确定应该建立随机效应模型还是固定效应模型。通过比较 Eviews 6.0 中的各种回归模型的回归结果，本章最终采用固定效应模型对方程进行广义最小二乘估计。表 4 –4 是我们估计的计量结果。通过分析表中的实证结果，我们可以得到以下结论：

首先，通过观察 FC × GRANTS 和 FC × LM 两个交互项的系数符号，我们发现，财政竞争与公共投入支出呈正相关，而与公共服务支出呈负相关，反映了分税制以来我国地方政府间的财政竞争偏向了公共支出结构。这和大多数国内学者的理论研究和计量分析的结果是一致的。但是，log（FC）

的符号告诉我们，财政竞争的动态变化与公共服务支出呈正相关，从而有利于改善公共支出结构。以上结果说明，我国的财政竞争在短期内是静态无效的，但是在长期中表现出动态有效。这和本书的理论假设是一致的。

其次，目前的中央转移支付制度有利于地方政府提高公共投入支出，而对公共服务支出产生负面影响。这可能是由于国家一般性转移支付比重过大而专项转移支付的数量不够，也有可能是地方政府为了“招商引资”挪用中央的专项转移支付作为公共投入支出。同时我们还发现，目前我国劳动力流动机制对公共服务支出有负面影响，这可能是由于仍存在着传统户籍制度的约束，蒂布特（Tiebout）机制无法真正有效实施，所以，地方政府在公共支出结构的安排上必然会“重物不重人”。

最后，我们来分析控制变量对公共服务支出和公共投入支出的影响。总人口的增加带动公共服务支出水平的提高和公共投入支出水平的相应减少。这基本上符合瓦格纳定律（Wagner Law）。但是，GDP 和财政收入的增长促进了 *PI* 的增加，却相应减少了 *PG*，这充分说明了公共服务支出的低水平并不是地方政府缺乏夯实的财政能力，而是存在着政治激励的偏向。许多国内经济学家对这个问题进行了研究，其中，周黎安（2007）就认为，由于中央政府掌握着地方官员的人事任免权，地方官员只能对上级负责，从而为了晋升决定公共支出的规模和结构，所以可能是地方官员的政治锦标赛导致了公共支出结构的偏向，我们将在第五章进行重点研究。

表 4-4　　财政竞争对公共支出结构的影响分析

	PI		PG	
解释变量	(1)	(2)	(3)	(4)
C	0.0782 (1.1282)	-0.1937*** (-5.0420)	0.3828*** (7.4496)	0.3522*** (7.3362)
log（*FC*）	-0.0082*** (-2.7225)	-0.01777*** (-7.9805)	0.0103*** (4.6466)	0.0101*** (4.5545)
FC × *GRANTS*	6.2259*** (4.4459)	5.5983*** (4.1824)	-4.6124*** (-6.3419)	-4.7129*** (-6.3424)
FC × *LM*	2.3153* (1.4044)	3.1692*** (1.9429)	-4.3245*** (-5.3528)	-4.2602*** (-5.3154)
log（*GDP*）	0.0486*** (6.3178)	0.0688*** (10.7792)	-0.0119*** (-2.0949)	-0.0108*** (-1.9327)

续表

	PI		PG	
解释变量	(1)	(2)	(3)	(4)
log（POP）	-0.0160*** (-5.0334)	-0.0109*** (-1.8832)	0.0110*** (4.9762)	0.0110*** (4.9357)
log（FI）	0.0007 (0.1866)		-0.0080 (-1.4037)	
log（OPEN）	-0.0110 (-1.5510)		-0.0082 (-0.7552)	
INDUSTRY	0.0132 (1.3041)		0.0009 (0.3195)	
FD	-0.0305 (-1.6281)		-0.0036 (-0.6406)	
R^2	0.6458	0.6233	0.9135	0.9132
F-统计量	16.9730	17.3550	98.3351	110.3968
观测值	403	403	403	403
备注	FE	FE	FE	FE

注：***、*分别表示回归系数显著性水平为1%、10%下的显著水平，括号内为 t 值。固定效应或随机效应模型的选择由 Hausman 检验来确定，通过剔除不显著变量，从模型（2）和（4）可以看到，其他变量的显著性没有发生变化。

第六节　本章小结

本章利用理论模型的分析使我们更加理解了财政竞争背后的经济机制和理论本质，从而厘清了财政竞争和公共支出结构之间的内在联系。通过计量模型的实证检验我们发现，虽然目前我国不完善的转移支付制度和户籍制度在不同程度上影响了财政竞争的有效实施，从而导致公共支出结构的偏向，但是在长期中财政竞争对于改善公共支出结构是动态有效的。所以，笔者认为，在中国近年来地方政府公共支出效率低下的真正原因不是竞争的失灵而是制度的缺失。基于以上研究结果，我们应该尽量完善转移支付制度和户籍制度，进而促进财政竞争的有效实施。首先，适度加大中央对地方财政的转移支付力度。目前，转移支付的关键问题之一还是中央对地方财政的转移支付力度不够，地方政府在不少重要的公共领域存在资金缺口。所以，中央政府一方面应该加大在转移支付总量上的投入力度，尤其是推进省以下财政转移支付制度的建设，从体制上保证基层财政有比较充实的财源基础；另一方面严格监督和要求地方政府公共资金在基础教育、医疗卫生和社会保证等民生领域的优先支出。其次，借鉴西方合理的转移支付制度，尽可能地缩小区域财政能力差异，保证各辖区最低标准的公共服务提供。目前的转移支付总体上有利于发达地区和富裕地区，不利于落后地区和收入较低地区，这将人为地扩大我国地区间的公共服务的差距。最后，进一步改革户籍制度，让劳动力可以在辖区间自由流动，使赫希曼的“呼吁”和蒂伯特的“退出”能在我国有效实施。只有这样，地方政府才能为了维持辖区内的经济发展和自身政治利益而不得不提高公共服务支出，从而使地方政府越来越回归到“以人为本”的良性竞争。

第五章　标尺竞争、地方治理质量与财政支出结构偏向

第一节　引　言

如果从新古典经济学理解，财政支出结构可能仅仅反映了公共产品的供需关系。正如微观经济学中的消费理论，一方面，公民作为消费者，通过交税购买自己所需的公共产品；另一方面，政府作为供给者，根据公民的显示偏好来提供公共产品。一旦公共产品的供给结构与需求结构不相匹配，这就意味着财政支出结构出现了偏向。然而，我们说，新古典经济学对于财政支出结构的理解过于理想化，它忽略了财政资源配置的制度基础。在现实中，作为控制财政资源的地方政府及其官员能否根据所辖居民的需求偏好来配置财政支出，这本身就是一个值得怀疑的问题。随着公共选择学派的兴起，人们开始重新审视地方政府及其官员的行为取向。特别是，在像中国这样的发展中国家，由于民主机制还未能对地方政府及其官员进行实质性的威胁，他们的“扭曲之手”可能会经常出现。所以，我们有必要探讨政府失灵对公共财政所带来的消极影响。但是，对于政治集权的中国来说，可能还远不是政府失灵那么简单，由晋升锦标赛所引发的“政治失灵”更值得我们关注。因此，为了更加深入地理解财政支出结构的偏向机制，本章首先考察中国式标尺对地方官员行为的塑造，然后从更具一般性的政府治理视角去分析财政支出结构偏向的内生性。

第二节　政治代理、财政分权与中国式标尺竞争

一　政治代理理论及其基本模型

委托—代理理论是近年来制度经济学和契约经济学领域最为引人注目

的研究方向。20 世纪 60 年代末 70 年代初，许多经济学家通过深入研究企业内部信息不对称和激励问题，不断拓展从而逐渐形成了一套成熟的理论体系。委托—代理理论的中心任务是讨论在利益相冲突和信息不对称的环境约束下，委托人如何设计最优契约结构从而更加有效地激励代理人。虽然经典的委托—代理理论最初仅仅运用于企业组织和管理的行为分析，但随着公共选择理论将经济人假设运用于政府和官僚的行为研究，委托—代理理论在研究和分析公共决策时越来越发挥重要作用。政治代理理论正是基于委托人和代理人之间关系而展开的，只不过研究对象发生了变换，其中委托人为辖区居民或选民，而代理人为政治家或者官僚。这种模型拓展在当前公共经济学和新政治经济学得到了广泛的应用，因为它将政治家行为置于经济学的分析框架，从而能够深刻地理解公共政策背后的基本问题。

根据 Timothy Besley（2009）的研究和总结，政治代理模型大致可分为三类。其中第一类模型侧重于政治家隐藏行为（道德风险），尤其是对其卸责行为进行考察。在这类模型中，所有政治家执政的意图都是为自身的政治利益服务，然而基于后顾型投票理论之上的连任机制将在很大程度上对在位者予以规约。也就是说，选民应为政治家设置一个福利标准或者门槛，以给后者足够的激励使之自我约束，从而让政治家们面临如下一种权衡：要么最大化其当期的租金收入，要么保持一定的自持或收敛以图未来继续享用租金。但是，这类模型回避了对政治家类型的考察，从而无法确保选民依赖其观察来判断究竟由在位者继续执政还是由挑战者执政。于是，Besley、Case 和 Coate（1995）提出了政治代理的逆向选择模型，该模型主要讨论如何选出一个合适的执政者来负责决策。政治家可以通过其政策选择向选民揭示其类型有别于其他政治家，亦即政治家政策选择此刻可充当信号工具的作用。但实际上，该模型的适用范围始终存在着不同程度的局限，因为对于大多数政治家来说，他们基本上都具备一定的伪装能力，以有目的地通过行为展示其类型。比如说，坏的政治家极有可能努力尝试混同于好政治家以期获得提升连任的机会。最后一种政治代理模型是由 Holmstrom（1999）开创经 Tersson 和 Tabellini 发展的职业生涯考量模型。对于政治家执政的动机，经济学家和政治学家总想找到其连选连任的激励根源。有一种解释认为，政治家试图执政可能仅因其陶醉于拥有权力的那种感觉，抑或乐于沉浸于在被追随的选民认同的自豪之中，经济学家把它称为自尊租金（ego rent）。执政总受青睐的另一个原因可能源于其就职期间直接能获得丰厚的物质利益，比如说政府职位为政治家提供较高的工资收入和大量的腐败机会。当然，寻求连任的渴望还可能与这样一种因素有关，即基于公共物品的考量：当在位者对公共物品有较强的个人偏好时，这一逻辑更易于成立，特别当政治体系存在高度极化时，这一考量更能推动在位者寻求执政从而竭力避免由其他人来掌控决策权。马斯金和梯诺尔（Maskin and Tirole，2004）曾经就政治家试图执政的倾向提供了一个相近的说明，他们认为，“永垂青史效应”是政治家们的一个重要考量，政治家对执政期间所能创造的价值尤为关注。

总之，无论是通过改进政治家的选取过程本身，还是通过对政治家进行规约，政治连任的激励都有益于政治体系的正常运转，而且相当大一部分政治代理模型都对此予以刻画。本质上，这种激励之所以能发挥作用，在于它能够使政治家产生建立声誉的需要。但在某些情况下。此类声誉机制也未必能有效实施，比如一旦政治家相信选民不会对其实际上正确的行为予以认可时，就可能不会采取其原本应当从事的政策行动。

二　标尺竞争的产生及其在中国的特殊表现

当委托人向代理人委派任务时，信息不对称问题就会出现。从代理制存在的事实我们可以发现，代理人往往拥有委托人无法获得的信息，比如说，规制者对提供公共设施的垄断企业进行规制时并不清楚该企业的技术状况和成本结构。在这种情况下，拉丰（2002）的激励理论告诉我们，“为使资源配置达到帕累托有效的程度，这类契约的设计必须能够揭示出代理人的私人信息。而这种只能通过给予代理人某种租金的方式来实现，但通常这类租金对于委托人却是一种成本。这种信息成本加上技术性（生产）成本使得在不对称信息下的交易量受到偏向。因而在契约中，配置功能与信息作用相互冲突，即为了诱使代理人说真话所必须付出的信息租金与资源配置效率相互冲突，最后导致了一个次优的契约。”① 还有一种比契约设计更能够简单而有效地解决委托人和代理人之间信息差距的理论方法，它就是标尺竞争。标尺竞争理论的主要思想是利用相对绩效的比较来解决委托—代理关系中的信息不对称问题，在契约理论、规制理论、新政治经济学等领域有广泛的应用和拓展。它最早运用于契约理论中劳动

① 拉丰、马赫蒂摩：《激励理论》第一卷，中国人民大学出版社2002年版。

力市场有效工资差距的决定，此后许多学者逐渐将有关竞争性激励的研究称为"标尺竞争"（yardstick competition）：委托人根据代理人的相对绩效对其进行补偿—将代理人的效率和其他提供类似产品或服务的代理人进行比较并据此决定代理人的收入，从而通过代理人之间的相互竞争达到减少成本、提高效率的目的。Schleifer（1985）在此基础上提出了新的规制理论，通过人为地制造竞争，最大化社会福利的政府可以利用标尺竞争的思想对企业进行规制，减少信息不对称导致的目标偏差。① 所以，我们说作为规制者的政府利用标尺竞争获得了信息的正外部性。通过代理人之间的行动相关性，政府可以迫使代理人暴露自己的私人信息，这大大减少了委托人的信息成本。随着代理人私人信息的不断减少，委托人不必通过签订妥协的谈判契约去支付代理人的信息租金。Eshien（2003）认为，当企业生产的外部环境存在隐藏的共同风险时，利用相对绩效评价的标尺竞争可以使代理人在没有削弱激励的情况下规避风险，特别是代理人持风险中性的态度；当代理人能够相互观察各自的行动从而影响彼此的绩效表现时，委托人就可以很容易地获得代理人的隐藏信息从而为代理人设立标杆。在这两种情况下，与契约设计的私人激励相比，标尺竞争具有明显的信息优势。

标尺竞争在理论上对于委托人来说充满了吸引力，因为运用它似乎只要满足一个必要条件：存在至少两个以上可比较的代理人。以规制经济学为例，所谓可比较是指在同一辖区内的规制企业具有相似的生产技术和运行环境。② 然而，在现实中，代理人是典型的经济人，他们的行为往往是与委托人的期望相违背的，所以，标尺竞争的运用也会遇到挑战。比如说，代理人为了在绩效竞赛中获胜总是致力于阻挠或破坏其对手成功的行动，而不是努力提高自身的效率。因为代理人的目标并不是实现最大化的社会福利，他所关注的是如何在标尺竞争中胜出，所以代理人并不会死板地受委托人的操控。对他来说，很显然，破坏性地毁灭对手比建设性地战胜对手要简单得多。另外，在经典的标尺竞争理论中隐含着一个前提假设：代理人之间不存在共谋行为。然而在重复动态博弈的过程中，代理人

① Schleifer, Andrei (1985) A Theory of Yardstick Competition. *The Rand Journal of Economics*16, 319 - 327.

② 如果两个企业在不同的辖区，那么标尺竞争的实施也将是一个问题，因为在不同的规制环境约束下可能会产生许多异质因素。

之间为了“双赢”通常会达成一致的串通行为。因为委托人运用标尺竞争的初衷就是希望在代理人之间人为地制造竞争，从而使代理人的绩效不断提高，而一旦他们选择合作性策略，代理人就可能在一致性降低努力的情况下，既避免了“棘轮效应”，又获得了进行标尺竞争的同等收益。所以说，一旦出现上述两种代理人的机会主义行为，标尺竞争在创造激励时将面临动态无效。

财政分权是中国经济改革的重要特征。随着过去高度集中的计划财政体制的不断解体，地方政府在制定财政政策和管理财政资源方面拥有了越来越大的自主权，因为现今几乎超过70%的财政支出由地方政府承担。然而，“中国式分权”确实在本质上与其他国家的财政分权相比呈现出自身特色：一方面，财政体制已经表现为大部分的分权特征；另一方面，政治体制依然是自上而下的集权。也就是说，与西方民主国家不同，地方政府官员由中央政府任命而不是由当地的选举系统产生。另外，虽然市场经济下户籍制度有所放松，但辖区间的人口流动仍然受到限制。因此，按照传统的财政联邦主义理论，在这些制度约束下，基于蒂伯特机制和自由退出权的标尺竞争在中国无法有效实施。然而，Blanchard 和 Shleifer（2000）认为，中央政府的垂直管理能够确保地方政府官员的问责并且可以引致辖区间的良性竞争。因为中国地方政府官员的职业生涯内嵌于明确定义的政治等级体系中，所以他们必须接受上级严格的绩效评估，他们面临晋升还是降级完全取决于是否成功完成了上级下达的特定目标。[①] Maskin、Qian 和 Xu（1997）的研究发现，如果某个省级官员所在辖区的相对经济增长率较高，他就很有可能被提升至中央。[②] 同样，Li 和 Zhou（2005）通过考察1979—1995年28个省委书记的职业生涯发现，经济增长率与晋升息息相关。所以说，如同在西方民主国家一样，政治职业生涯的考量为地方官员提供了强大的激励去发展本地经济，因为如果他没有很好地完成中央所提出的目标，那么他所获得重新任命或提拔的概率将大大降低。在这种政治结构的约束下，中央政府完全可以通过比较辖区间的经济绩效决定奖励

---

① Blanchard, O. and A. Shleifer, 2001, Federalism with and without Political Centralization: China versus Russia! IMF Staff Papers, 48, 171 –179.

② Maskin, E., Y. Qian, and C. Xu, 1997 Incentives, Scale Economies, and Organizational Form – [Now published in Economics of Transition (2201)]. STICERD – Theoretical Economics Paper Series 331, Suntory and Toyota International Centres for Economics and Related Disciplines, LSE.

还是惩罚当地官员，从而为他们创造标尺竞争。Besley 和 Case（1995）最早将标尺竞争的理论应用到新政治经济学领域。他们指出，类似于政府和企业间的委托—代理问题，选民和政府间也存在信息不对称等问题；而同质程度较高的可比地方政府的存在，使得政府之间的标尺竞争能够减轻由于选民信息弱势导致的委托—代理困境。与 Besley 和 Case 模型不同的是，中国式标尺竞争是自上而下的，因为委托人是中央政府而不是当地的选民，虽然在中国不存在选举的形式问责，但是中央政府的绝对权威必然对地方官员产生实际问责。

第三节　标尺竞争、地方官员自利行为与财政支出结构的偏向

一　激励扭曲、有限任期与地方官员的机会主义倾向

（一）多任务激励下代理人的努力配置

早期对委托—代理理论的研究过于理想化，它只考虑代理人从事一种活动的情况。Holmstrom 和 Milgrom（1991）最早提出了多重任务代理模型，他们沿用标准的委托—代理技术，对基本模型进行了关键性拓展，即多任务的模型不再假设代理人只是从事一种任务，而是从事多个任务，从而使模型的结论变得更丰富、更接近现实。[①] 从某种意义上说，该模型能够帮助我们更好地理解代理人的行为特征。代理人必须履行多重任务，这至少与代理人的注意力和投入在一定程度上相适合。然而，代理人完成这些任务的优先次序与委托人所希望的优先次序并不一致，这可能是因为两者要求投入的性质不同，或者是因为对于代理人来说新的任务与以前的任务相比价值较低。不管是哪一种原因，委托人必须制定相应的激励机制，以改变代理人努力投入的配置，而选择什么样的激励机制将取决于不同投入和产出所观察到的程度以及委托人和代理人之间的价值差异。[②] 所以，当代理人为委托人同时执行好几个任务时，新的问题产生了：这些任务之间的技术上的相互作用如何影响激励？应该提供给代理人什么样的最优激

---

① Holmstrom, B., 1982, Moral Hazard in Teams. *Bell Journal of Economics*: 13 (2), 324. 340.

② 迪克西特：《经济政策的制定：交易成本政治学的视角》，刘元春译，中国人民大学出版社 2003 年版。

励契约？激励的考虑在代理人的工作表现的每一维上如何影响最优的努力组合？拉丰和马赫蒂摩在其经典著作《激励理论》中对上述问题给出了一些富有启发性的结论。

让代理人为委托人执行两种任务，其努力水平分别是 e^1 和 e^2，为了简化，我们首先假设两个任务是完全对称的，且有着相同的随机回报 $S^* = \overline{S}$或者 $\underline{S}$，这些回报是独立分布的，相应的概率分别是$\pi(e^1)$和$\pi(e^2)$。因为对委托人基本上只有三种可能的结果，分别是 $2\overline{S}$，$\overline{S}+\underline{S}$ 和 $2\underline{S}$。相应地，一个契约是一个三维的支付向量（$\bar{t}$，$\tilde{t}$，$\underline{t}$）。当两种任务都成功的情形支付$\bar{t}$，当仅仅只有一个任务成功的时候支付 $\tilde{t}$，而当这两个任务都没有成功的时候支付$\underline{t}$。在此，我们将每种努力标准化为 $e^i \in$（0，1）。由于对称性，这个模型有三种可能的总努力水平：代理人可以对两种任务都施加高努力，或只对一种任务施加努力，或完全不施加努力。Ψ_2、Ψ_1 和 Ψ_0 为代理人实施努力的负效用，分别相应于他施加两种努力水平，只有一种，或者没有施加努力的时候，当然，我们有 $\Psi_2 \geqslant \Psi_1 \geqslant \Psi_0$。而且，我们说这两个任务当 $\Psi_2 \geqslant 2\Psi_1$ 时是互替的，当 $\Psi_2 \leqslant 2\Psi_1$ 时是互补的。当任务是互替的，则第一个任务已经被执行的时候，就难以执行第二个任务。考虑代理人的参与约束和激励相容的约束条件，委托人的规划问题（P）于是可以写为：

$$\max \pi_1^2(2\overline{S}-\bar{t}) + 2\pi_1(1-\pi_1)(\overline{S}+\underline{S}) + 2(1-\pi_1)^2\underline{S}$$

$$\text{s.t} \quad \bar{t} \geqslant \frac{1}{\Delta\pi}\max\left\{\frac{\Psi_2-\Psi_1}{\pi_1} - \frac{\Psi_2}{\pi_1+\pi_0}\right\}$$

通过最优化计算，我们可知，委托人同时激励两种努力的次优成本是

$$C_2^{SB} = \frac{\pi_1}{\Delta\pi}\max\left\{\Psi_2-\Psi_1,\ \frac{\pi_1\Psi_2}{\pi_1+\pi_0}\right\},$$

而如果委托人选择仅仅激励一种努力，则次优成本为：$C^{SB} = \dfrac{\pi_1\Psi_1}{\Delta\pi}$。

当$\dfrac{\pi_0\Psi_2}{\pi_1+\pi_0} \geqslant \Psi_1$ 时，我们有：

$$C_2^{SB} - C_1^{SB} = \frac{\pi_1}{\Delta\pi}(\Psi_2 - 2\Psi_1) \geqslant C_2^{FB} - C_1^{FB} = \Psi_2 - \Psi_1 \geqslant 0$$

这一不等式意味着委托人比在完全信息下更少地激励的两种努力。由于任务之间的技术互替性，评价不完全信息下激励两种努力的可能性是否

减少的关键在于次优成本的增量 $C_2^{SB}-C_1^{SB}$ 是否大于最优成本的增量 $C_2^{FB}-C_1^{FB}$。当局部激励约束是紧的，则当一个正努力已经在第一个任务上被实施时，在第二个任务上的激励努力就会变得更困难。因而当一个任务过渡到两个任务时，激励努力的次优成本比最优成本增加得更快。也就是说，委托人实施努力的最优成本呈现某种规模非经济，即使任务之间在技术上是无关的。所以，要激励代理人对更多任务实施努力必须增加满足他的参与约束的确定性等价收入。加入更多的任务与改变委托人实施多种努力水平要承担的成本。此时代理人的消费边际效用减少，将努力的水平提高一倍，要求保证代理人参与的转移支付提高一倍以上，因而上面分析的规模非经济可以看作纯粹的代理人参与努力的规模非经济。

因此，在多任务委托—代理情况下，现实中经常出现的问题是，由于委托人想要同时激励两种努力将面临技术和成本的困难，代理人并不是在每个任务上都付出同等权重的努力，而是考虑自己的效用最大化，在某一任务上付出“过多”的努力，在另外一个任务上的努力则相对不足。这类现象可以归结为代理人努力的配置偏向。特别地，当不同维度的任务不对称时，比如说某一项任务的结果很难预测，那么代理人必然会把过多的精力投入更易观察到的其他任务之上。

（二）有限任期下地方官员的机会主义倾向

在当前中国的分权体制下，地方政府承担任务的多维性以及它们和中央政府之间追求目标的差异和信息不对称，使中央政府和地方政府之间形成了一个任务冲突的多任务委托—代理关系。① 中央政府对地方政府的责任要求是全方位的，从“经济总量”到“农业生产”，从“基础建设投资”到“九年义务教育”，从“人口和计划生育”，再到“维持社会稳定”，指标多达 15 个方面。中央把这些具体量化的指标和任务分解和落实到每个下级部门或机构，责成后者必须在规定时间内完成，如果能够完成，甚至超额完成，则可能获得行政晋升和物质奖励；否则要承担行政责任和物质惩罚。② 参照拉丰和马赫蒂摩（2002）的分析框架，我们可以用图 5－1 来表示多任务下地方政府的努力配置过程，中央委托地方政府进

① 王赛德：《中国式分权与政府机构垂直化管理——一个基于任务冲突的多任务委托—代理框架》，《世界经济文汇》2010 年第 1 期。

② 乔俊峰：《分权制下的财政竞争与财政支出结构的扭曲》，中国博士学位论文全文数据库，2010 年 11 月。

行经济建设、公共服务和资源环境等多项任务，为了简单地说明问题，图5－1只列出三类任务，其中，P_1 和 P_2 分别表示两种努力状态下的晋升概率。

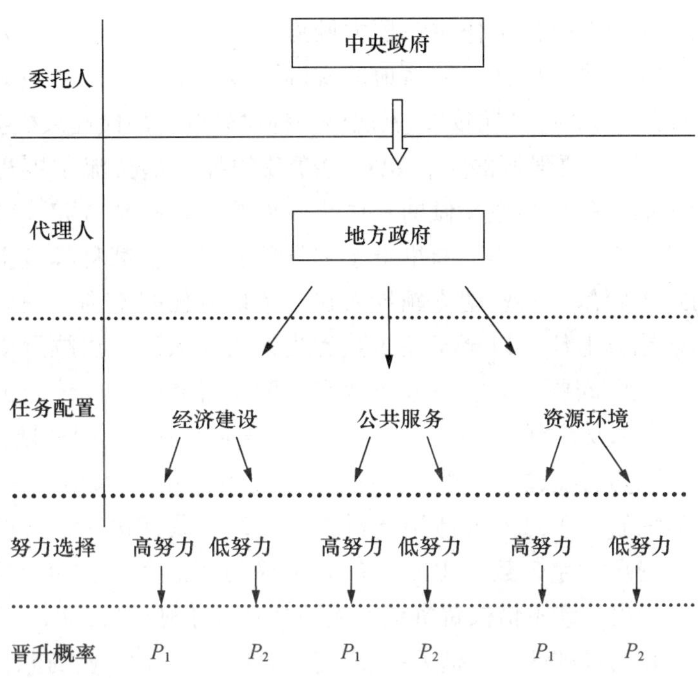

图5－1　中央与地方政府的多任务委托关系

但是，随着十一届三中全会以来全党工作中心转向经济建设，地方官员的考核标准发生了实质性变化，经济绩效由于其易衡量且更具体，就成为干部晋升的主要指标之一。Li 和 Zhou（2005）发现，中央政府长期是按照相对经济绩效来考核地方官员的，即将现任官员升迁的概率与其前任的绩效或者邻近省份的绩效挂钩。① 这种绩效考核体系决定了地方官员的努力方向，他会把大部分力量投入经济建设中去，特别是努力扩大地方经济规模，以经济增长的高指标来争取上级对自己的有利评价从而获得良好的政治前途。因此，监督成本和“隐藏信息”的存在，使地方政府利用

① Li, H. and L. Zhou, "Political Turnover and Economic Performance: The Incentive Role of Personnel Control in China". *Journal of Public Economics*, 2005, 89 (9－10): 1743－1762.

自己所具有的信息优势，对自身的绩效进行选择性显示，在完成上级政府考核指标的过程中表现出明显的机会主义行为倾向，一方面过度关注那些易于监督的工作指标的达成，比如说地区 GDP 增长率、税收增长率和就业率等比较容易评价的事项。同时，地方政府官员普遍存在一种“应声虫”现象，表现在具体工作中，地方政府往往会隐瞒信息，在发展政策的制定和执行中并不是真正从当地的实际出发，而是揣摩中央政府的意图，从而满足上级的主观偏好，表现出一种讨好取巧的代理人机会主义倾向。① 然而，更需要强调的是，现行的党政领导干部交流制度进一步强化了行为短期化的机会主义倾向。中央政府为了调动地方官员的积极性和抑制裙带关系，这些年不断推行干部异地交流，在某种程度上导致了官员调动过于频繁。某些地方领导人在一个地方任职不到一届就被调换或派到其他地方上任，以至于还未熟悉当地情况从而无法顾及事关地方长期经济发展的问题，只能将眼光放在一两年就能收到成效的工作上。②

因此，干部交流制度的推行导致了地方政府官员的有限任期，由于在同一地区任职的时间过于短暂，很容易滋长急功近利的浮躁心态，从而诱导他们在最短的时间内人为地制造骄人的政绩，获得快速晋升的政治资本。所谓“官出数字，数字出官”就是最好的政治写照。为此，许多地方政府官员为出政绩不惜浪费资源，大搞开发区和科技城，而对于一些确实能造福百姓的基础性建设毫无兴趣。从某种意义上说，在有限任期的约束下，作为理性的经济人，地方政府官员必然追求本届政府或个人任职期限的短期政绩最大化。

二　政治锦标赛、晋升博弈与地方财政支出的模仿行为

（一）政治锦标赛：一般理论与实证研究

最早对锦标赛竞争机制进行研究的是 Lazear 和 Rosen（1981）。他们研究了在公司中雇主与工人之间根据个体的相对排序而不是产出水平来支付报酬。结果表明，在产出难以直接观察或者观察成本非常高的前提下，锦标赛激励合同机制优于计件工资制和标准工资制，因为它依据于竞争者之间的相对排序，而不是他们之间的产量水平，所以，这种机制将驱使竞争者去赢得竞赛。随后，萨尔蒙（Salmon，1987）用排序锦标赛发展了一

① 刘泰洪：《委托—代理理论下地方政府机会主义行为分析》，《中国石油大学学报》2008 年第 1 期。

② 何显明：《信用政府的逻辑》，学林出版社 2007 年版。

种机制来解释为什么政府层级之间也像公司内部一样存在着竞争。布雷顿（Breton，1996）称这种政治竞争的排序锦标赛机制为“萨尔蒙机制”，即居民使用获得的信息来评价和衡量政府提供公共物品和服务的绩效，反对党依据与居民相同的信息在既有的平台上对执政政府进行挑战。反对党的这种反应就是它与执政政府之间竞争的表现。其实，政府的内部治理非常类似于锦标赛竞争，因为政府官员工作的投入和产出往往难以衡量，政府内部官员之间有着升迁压力，下级政府官员竞争相对数量更少的上级职位，获胜者得到晋升从而获得更多利益。

鉴于中国增长模式的特殊性，我国学者很早就开始关注并研究地方政府之间的行为，从而试图理解中国经济改革所取得的巨大成就。周黎安教授提出的政治锦标赛模式使我们开始重新理解地方政府行为与经济增长的关系，同时研究重点由财政激励转向了政治激励。根据周黎安的定义，政治锦标赛作为一种政治理论的模式，是指上级政府对多个下级政府部门的行政长官设计的一种晋升竞赛，竞赛优胜者将获得晋升，而竞赛标准由上级政府决定，它可以是 GDP 增长率，也可以是其他可度量的指标。中国地方官员之间的政治锦标赛采取了多层级、逐级淘汰的程序。为此，他们可能会在辖区内的市一级推行 GDP 锦标赛竞争，而市又会在县一级推行锦标赛竞争，如此一层一层地往下推进，各级地方政府官员都在不断放大的锦标赛激励下，为了出人头地而努力。政治锦标赛虽然不是在任何一种政治体制下都可以发挥效力的，但是中国显然具备适合采用政治锦标赛模式的前提条件。因此，政治锦标赛最大收益在于，一方面使地方政府之间引入了竞争机制，这种竞争随着各种生产要素（尤其是资本和人力资本）的流动性日益增大而加剧；另一方面政治锦标赛与中国行政体制的某些特征相结合，有助于克服发展中国家经常面临的一个挑战，即地方政府的“掠夺之手”。

虽然周黎安教授提出的政治锦标赛模式是目前在地方政府官员激励与治理方面最有影响的分析框架，他为我们研究政治激励与经济增长的关系提供了独特的视角和富有启发性的洞见，但是周黎安教授只是从宏观上提出了政治锦标赛的分析范式，并没有从微观上进一步挖掘地方政府官员行为的更多细节以及这些异质行为对宏观经济的作用机制。张军（2007）和徐现祥（2007、2009、2010）的研究正是基于上述考虑，使政治锦标赛在理论和实证上往前推进了一步。张军和高远（2007）发现，官员任期内的经济增长轨迹呈现倒U形，同时也发现官员交流对经济增长有积极影响。王贤彬和徐现祥（2008）发现了不同来源和去向类型的省长、省委书记的经济增长绩效显著不同，官员在经济绩效上存在显著的异质性，通过着重考察京官的经济绩效，结果发现，从中央部委调任到地方省区担任省长省委书记的京官，平均而言其任期内的经济增长记录显著低，再次揭示了地方官员在经济绩效上的异质性。为了进一步细化地方政府官员行为对地方经济增长的影响，王贤彬和徐现祥（2010）基于政府官员的政治激励理论，讨论了地方官员的职位适应、任期波动、晋升可能以及政策滞后等因素对地方官员发展经济努力程度的影响，这些因素共同构成了倒U形轨迹的重要来源，通过对省委书记和省长进行区分考察发现，两者具有不一样的倒U形轨迹，反映了中央对两者激励和治理以及两者对政治激励反应的差异。

总之，不论是周黎安基于相对绩效考核的政治锦标赛，张军的“为增长而竞争”，还是徐现祥的“经济增长市场论”，这三种表述在本质上有着共同的逻辑，只是从不侧面揭示了中国特色政治激励对经济增长绩效的影响。虽然，欧珀（Opper，2007）和陶然（2009、2010）对政治锦标赛理论在中国的适用性问题进行了多维质疑，但是对于大部分地方政府官员而言，在面临着激烈的“政治劳动力市场”竞争条件下，相对良好的经济增长绩效仍然是其保住现有职位或者快速晋升的重要砝码。因此，地方政府官员之间的政治锦标赛在理论上和实践中都是中国转型背景下不可否认的典型事实。

（二）晋升博弈下地方政府财政支出的“策略互动”

为了能使自己在政治锦标赛中获胜，地方政府官员可谓绞尽脑汁地观察和分析其他官员的政策行为，特别是邻近辖区的一举一动更容易引起他的注意和应对，因为中央政府对两个相似地区能够更好地评价和对比，从而优先晋升地区经济绩效较好的官员。因此，地方政府之间的策略互动是理解地方政府竞争的微观基础。为了更快地增加GDP，作为地方政府，将更多的财政资源用于促进经济增长而不是居民的基本公共服务，这不仅是一种理性的策略选择，更是一种均衡的策略选择。下面用一个简单博弈模型来分析政治锦标赛下地方政府之间的财政支出行为。[①] 假设存在两个

① 贺军：《官员晋升锦标赛的外部效应与基本公共服务发展的失衡》，《湖湘论坛》2011年第5期。

参与锦标赛的地方政府 A 与 B（见表 5－1）。

表 5－1　　　　　　　　　　地方政府财政支出博弈

参与人＼收益		地方政府 B	
		经济建设支出	公共服务支出
地方政府 A	经济建设支出	(5，5)	(9，1)
	公共服务支出	(1，9)	(2，2)

每一个地方政府对财政资源的支出配置有两种选择，配置于经济建设或者辖区居民的公共服务。由于基本公共服务的特殊性，其投资效益的显现是一个漫长过程，所以在有限任期的背景下，投资公共产品对于当届地方政府官员毫无益处。相反，把财政支出投入经济建设，则基本可以实现立竿见影的效果。因此，给定任何一个地方政府官员的策略选择，其他官员选择将财政资源配置于经济建设，都是一种最优反应，最终，构成博弈的纳什均衡。很显然，在这种情形下，参与锦标赛的不同地方政府官员作为博弈参与人，其行为满足标准的“囚徒困境”的特征：将有限的财政资源配置于基本公共服务，是每个参与人的劣策略；而将有限的财政资源配置于经济建设，是给定其他参与人策略选择下的最优反应策略。根据博弈论的基本理论，我们知道，纳什均衡是一种具有自我实施能力的均衡状态，因而任何人都没有激励改变纳什均衡状态下的策略选择。最终，各个地方政府在配置财政资源时会竞相模仿从而使财政支出出现“结构趋同”，这种趋同性会随着政治锦标赛的升级而一直处于锁定状态。

除了在理论上可以解释地方政府官员之间的策略互动行为，国内学者也开始从实证上进一步检验地方政府财政支出的相关性，最近已有许多文献尝试运用空间计量经济学的方法研究地方政府财政支出的空间策略互动。考虑财政政策外溢效应机制，李永友和沈坤荣（2008）利用省际数据实证分析了为获取竞争的相对优势，辖区政府所采取的竞争策略及其随时间的转换特征，研究表明，竞争的外部性使辖区间竞争策略正在由单纯的税价竞争向财政支出领域扩展。[①] 同样，方红生等（2009）的研究结论

① 李永友、沈坤荣：《辖区间竞争、策略性财政政策与 FDI 增长绩效的区域特征》，《经济研究》2008 年第 5 期。

一致表明，在GDP为主的政绩考核机制下，虽然中央政府希望地方政府实行紧缩，但是各个地区都会选择违背，最终导致地方政府财政政策的扩张偏向。① 为了进一步考察标尺竞争机制所产生的策略效应，张晏等（2010）利用中国1987—2004年的省级面板数据，检验了地方政府生产性支出的相关性以及这种相关性的跨时和地区差异，经验结果一方面证实相似地区之间支出行为存在外溢性或相关性，另一方面也尝试识别了外溢性的来源，认为中国省级政府生产性公共支出的外溢性主要来自中国地方政府之间自上而下的标尺竞争。②

三　地方官员自利行为是财政支出结构偏向的直接诱因

布坎南和塔洛克最早把经济学理论中的“经济人”假设运用到政治与公共选择领域。他们认为，操纵并组成政府的官僚即使面临来自法律和行政制度方面的种种限制，仍然会在所能允许的范围内，借助政府的强制性权威追求其自身而非所辖公民的效用最大化。所以，我们没有理由先验地认为地方官员一定是为人民服务的“公仆”；相反，承认地方官员的自私性是有效理解政府机构运转的前提条件。另外，作为代理人的政府官员，只有全面考虑和彻底理解他们的效用函数，中央政府才能设计出激励与约束相容的政治制度。总而言之，地方官员的行为面临着自利性与公共性的冲突与矛盾，它是私人理性与公共理性的统一体。社会制度和政治体制非常完善和健全，地方官员就会更多地趋于公共性，其行为也更符合公共理性；但是，如果地方官员的自利倾向没有受到相应的制度与监督约束，那么他就会像一只刚从牢笼中逃脱的“利维坦”，将给公共政策带来破坏性的影响。

（一）私人理性的放大造成了财政支出结构的偏向

改革开放以来，随着地方政府独立性意识的不断增强，地方官员的自利性越来越凸显，经济理性也被放大到了极致。虽然我国早就提出建立社会主义市场经济，但是政府主导的经济增长方式仍然没有改变，地方官员完全可以利用手中掌握的财政资源为自己的个人利益服务。首先，晋升最大化是地方官员提高和改善政治生命的主要目标，那么地方官员在配置财

① 方红生、张军：《中国地方政府扩张偏向的财政行为：观察与解释》，《经济学（季刊）》2009年第3期。

② 张晏、夏纪军：《自上而下的标尺竞争与中国省级政府公共支出溢出效应差异》，《浙江社会科学》2010年第12期。

政资源时必然是为晋升而支出。由于地方官员的流动任职制度，一般来说，一个官员只能在某个地区连任两次，所以，为了能够短期内创造GDP，地方官员只会重点关注经济建设支出，而长期的公共工程则会被忽略。再加上党中央对官员选拔越来越年轻化，很多地方官员不得不急功近利，争取尽快获得中央的提拔。很显然，地方政府的财政资源逐渐沦为官员们铺平政治仕途的工具，为了最大限度地延续政治生命，他们不但会花掉所能支配的全部公共资金甚至不惜大量举债。其次，预算最大化是地方官员最大化自身效用的另一种自利行为。根据尼斯坎南的研究，政府官员的效用函数往往包括了薪金、津贴、声誉、权力、恩惠、产出、管理官僚机构的容易度等诸多变量，而其中绝大多数因素都是部门预算的正的单调函数。① 因此，地方政府官员存在扩大行政管理支出的强大动力和倾向。

另外，Cai（2005）② 和徐现祥（2010）的研究结果表明，地方官员间开展晋升锦标赛时会出现极化效应：高能力的地方官员在竞争中倾向于把财政支出更多地用于生产性支出，促进辖区经济发展，提高在增长竞争中胜出的可能性，从而通过提高政治晋升的可能性增进自身的福利水平；低能力的地方官员在竞争中处于“劣势”，则倾向于把财政收入更多地用于在职消费增进自身福利。③ 我们都知道，在相对绩效考核机制下，赢家的数量是有限的，而大部分是输家。这时候，作为理性的政府官员，在觉知自己晋升的可能性比较小的情况下，为了寻求“心理平衡”补偿自己，往往会伸出“贪婪之手”，进而加大与自身福利更加密切相关的行政管理支出。从第三章的统计数据可以看出，东部地区的行政管理支出并不高；相反，中部地区的行政管理支出明显大于东部发达地区，这可能因为中部地区官员并不那么热衷参与晋升锦标赛，而是更加注重自身的直接福利。

因此，由于地方官员经济理性的放大，他们把政府的公共资金用于满足自己的个人欲望。在这种执政理念的诱导下，地方官员配置财政支出优先考虑自身的偏好，而不是公民效用的最大化，这必然造成财政支出结构的人为偏向，最终违背了公共财政的基本原则。

---

① Niskanen, W. A., Bureaucracy and Representative Government. Chicago: Aldine Atherton, 1971.

② CAI H. B., TREISMAN D. Did Government Decentralization Cause China's Economic Miracle? [J]. *World Politics*, 2005, 58 (4): 505-535.

③ 徐现祥、王贤彬：《任命制下的官员经济增长行为》，《经济学（季刊）》2010 年第7 期。

（二）公共理性的丧失导致了财政支出结构偏向的固化

公共选择学派提出的个人利益最大化的理论观点在“新公共管理”、“新公共服务”运动中逐渐被挑战和质疑。新公共管理代表人物戴维·奥斯本提倡顾客导向的政府，即要满足顾客的需要，而不是官僚的需要。具备企业家精神的公共管理者从私营部门那里获知只有重视顾客，公民才会满意高兴。由于立法机构向政府服务机构提供了大多数的公共资源，所以这些政府机构的运作必须以顾客为基础，根据顾客的实际需要而不是自己的偏好来运作公共资金。[①] 同样，新公共服务代表人物罗伯特·登哈特就认为，新公共服务是建立在公共利益的观念之上的，是建立在公共行政人员为公民服务并确实为他们服务之上的。献身公民服务使得“公民优先”的观念深入人心，最终政府必须更加关心公民的需要和利益，并对这些需要和利益作出回应。[②]

其实，新公共服务中对公共利益的追求在本质上是一种公共理性。根据罗尔斯的理解，公共理性是一个民主国家的基本特征。它是公民的理性，是那些共享平等公民身份人的理性。他们的理性目标是公共善治，此乃政治正义观念对社会基本制度结构的要求所在，也是这些制度所服务的目标和目的所在。于是，公共理性便在三个方面是公共的：作为自身的理性，它是公共的理性：它的目标是公共的善和根本性的正义；它的本性和内容是公共的。[③] 总之，公共理性作为整个社会的公意（General Will）表达，是以私人理性为基础的个人需求社会化的表现。这种公共理性的概念一定程度上脱离了私人理性的私人特征，公共理性的达成过程实质上就是公众通过公共推理，形成集体看法、集体判断和集体需求的过程，这种需求和观点的达成赋予公共理性以明显的公共性内涵，这种公共性内涵代表着整个社会或者集合体的看法，需求和观点。[④]

然而，在财政支出配置过程中，一旦地方官员丧失了公共理性，就会使公共财政资源出现“公地悲剧”。套用哈丁的结论，这是一个悲剧，每

---

① ［美］戴维·奥斯本、特德·盖布勒：《改革政府——企业精神如何改革着公营部门》，上海译文出版社 1996 年版，第 149 页。

② ［美］罗伯特·B. 登哈特：《公共组织理论》，中国人民大学出版社 2003 年版，第 198—200 页。

③ ［美］罗尔斯：《正义论》，中国社会科学出版社 1988 年版，第 266—267 页。

④ 王婷、汪广龙：《公共理性的达成和有效政府的建构》，《中山大学研究生学刊》（社会科学版）2010 年第 3 期。

一个地方官员都被锁定进一个系统。这个系统迫使他在一个财政资源稀缺的辖区内无节制地侵蚀公共资金为自己谋私利；在一个自由裁量权失控的财政体制下，每个官员追求他自己的最佳利益，毁灭的是所有公民共享公共服务的机会。“公地悲剧”的出现必然会导致财政支出结构偏向的固化，因为地方官员没有任何扭转现状的内在动力。在激烈的晋升锦标赛的强大压力下，每一个官员都不敢试图对财政支出结构轻易作出调整，即使他们可能已经觉察到财政支出效率不高或者出现了不同程度的偏向。所以，在“囚徒困境”的博弈环境下，地方官员可能增进公共利益的各种行动必然破产。另外，各种特殊利益集团会想方设法俘获地方官员与之形成坚固的利益同盟，这种合谋使财政支出结构的偏向变成了一种常态。

第四节　政府治理质量对财政支出结构的影响：更为一般性的实证分析

一　政府治理的定义

虽然经济学家很早就开始关注政府治理，但是迄今为止仍然没有文献对政府治理有一个非常准确的定义。然而，经济学家们对于政府治理的研究范围有着统一的认识：它主要包括政府机构是如何运转的、公共治理的具体过程以及政府对所辖公民能够提供什么样的公共服务等，这些问题涉及政治经济的组织系统、公共资源的社会分配和政治权利的行使等许多方面，所有这些对整个社会的经济社会发展至关重要。

正如，基弗（Keefer，2004）的理解，政府治理的概念是具有弹性和多维的。但是，一般谈到它，主要是指政府对公民的回应程度和提供某些核心的公共服务，比如说产权保护、法律制度等，以及政治制度能够多大程度上激励政府官员做出有利于公民福利的公共政策。[①] 20 世纪 90 年代以来，学术界对治理的定义作了许多界定。但最具代表性和权威性的定义是全球治理委员会于 1995 年在《我们的全球伙伴关系》研究报告中所下的定义：政府治理是各种公共的或私人的个人和机构管理其共同事务的诸

① Keefer, Phillip, 2004, A Review of the Political Economy of Governance: From Property Rights to Voice. World Bank Policy Research Working Paper No. 3315, World Bank, Washington D. C..

多方式的总和，它是使相互冲突的或不同的利益得以调和并且采取联合行动的持续过程。它有四个特征：政府治理不是一整套规则，也不是一种活动，而是一个过程：治理过程的基础不是控制，而是协调；治理既涉及公共部门，也包括私人部门；治理不是一种正式的制度，而是持续的互动。

我们很容易发现世界银行的定义更多地强调了政府在提高公共服务时的效率性。但是，基弗（2004）认为，广义的政府治理还包括政治过程的激励结构，它是一个复杂的政治经济问题，不同的制度约束对应着不同治理质量。所以，考夫曼（Kaufmann，1999）从制度经济学的角度把治理定义为，“在一个国家作为权威运行的传统和制度”，它不仅包括选择、监督、替代政府过程，还包括政府成功执行良好政策的能力，包括管理社会和经济交换的制度安排。① 紧接着，他还提出了六个度量治理的指标：（1）言论和问责，即言论自由度和公民在政府选举中的参与程度；（2）政治稳定性，即当权政府被非常或暴力手段破坏颠覆的可能性；（3）管制的质量，即市场不友好政策的发生率；（4）政府效率，包括公共服务的质量、官僚机构的质量、公务员能力等；（5）腐败的控制，对腐败的感知程度；（6）法治，用是否成功地为经济社会创建了公平、可预期的法规环境，物权保护程度来度量。② 当然，本书所研究的政府治理是狭义的，仅仅指政府机构的行政效率和政府官员的腐败程度。

二　政府治理、官员腐败与公共支出

拥有良好的政府治理是经济发展和财政管理的必要前提，它有助于宏观经济的稳定、社会分配的公正和财政支出效率的改进。但是，现实中，可能由于执政能力的不足、错误意识形态的盲目追求和组织管理的经验匮乏等因素造成了许多政府机构的劣治（poor governance）。很多文献都通过理论和实证研究了政府劣治对经济增长的消极影响，特别是新制度经济学的盛行，使人们更加理解政府治理在本质上糅合了制度和反映制度作用结果的制度绩效。那么政府治理除了通过制度绩效的改进直接作用于经济增长，还有没有其他路径能够间接影响经济增长呢？为此，许多文献开始关注政府治理对于公共财政的影响，因为政府的财政政策的有效实施，特别是对于财政支出结构的安排，已成为不同经济体之间经济发展水平差异

---

① Kaufmann, D. and S. Wei, 1999, "Does Grease Money Speed UP the Wheels of Commeree? . IMF Working Paper No. 00/64.

② Ibid. .

的主要原因。

Isham（1997）利用世界银行的数据研究发现，如果提高公民的言论自由和公共政策的参与度，那么政府机构的公共责任和财政支出的绩效将获得大幅度提高。① 所以，政府的良政（good government）对于改善公共财政的质量至关重要，我们有必要深入研究政府治理是如何影响公共资源配置的。Dethier（1999）发现，在没有制度约束和监督机制的情况下，政治家会利用不受约束的权力擅自挪用公共资源用于私人目的。② 这就是公共选择学派所研究的"寻租"现象，通过分析这种现象，我们可以得到一个理论假设：掌握权力的政治精英在执政过程会积极参与各种寻租活动，他们为了寻求和保护未来租金，不惜牺牲公众利益而对公共资源进行无效配置。所以，寻租假设是联系政府治理与财政支出效率的理论桥梁，政府官员寻租的程度和实际的租值耗散取决于政治制度在多大程度不受各种利益集团的压力和干扰。

寻租现象在政府机构中的直接体现就是政府官员的腐败。近年来，腐败问题已经得到世界各国的重视，特别是在发展中国家，它直接决定政府管理的行政效率和公共政策的实施效果。许多学者对腐败的具体定义进行了不同的界定，本书主要沿用透明国际（1995）关于腐败的权威定义：腐败是公共部门官员滥用公共权力，从中谋取个人或相关个体利益的行为。③ 从经济学角度看，腐败是源于特定的社会经济政治制度背景，在私人收益与社会收益之间、私人成本与社会成本之间存在巨大差距的前提下出现的一种合乎"经济理性"，但是却违背社会利益的行为。④ 值得注意的是，已有少量文献从实证上研究了腐败对公共支出的影响。Mauro（1998）发现腐败降低对教育的支出比重。因为政府官员会选择把财政支出投入到能给他带来更多受贿机会的公共活动中，而大部分教育支出账户非常明细使得政府官员没有太多的预算裁量权，所以腐败官员通过比较获取贿赂的难易不同，最终选择将更大的比重支出在大规模的资本项目和国

① Isham, Jonathan, Daniel Kaufmann, and H. Lant Pritchett, 1997, Civil Liberties, Democracy, and the Performance of Government Projects. *The World Bank Economic Review* 11, No. 2: 219 -42.

② Dethier, Jean -Jacques, 1999, Governance and Economic Performance: A Survey. Discussion Papers on Development Policy. ZEF Discussion Papers on Development Policy, No. 5, Bonn.

③ Transparency International, 2006, Corruption Perceptions Index 2005 [EB]. Available from http://www. transparency. org/policy_ and_ research / surveys_ indices/ cp i/2005.

④ 邹薇：《腐败的经济学分析及其治理》，《学习与实践》2006年第10期。

防项目，而降低对教育和卫生的支出比重。[①] 另一方面，Tanzi 和 Davoodi（1997）发现，腐败程度越高，除了政府财政收入占 GDP 比重越低以外，公共投资占 GDP 的比重越高，而且公共投资中新项目的投资比例越高，对已有设施日常维护的投资比重越低。这一发现基本上与寻租理论的假设一致。[②] 总而言之，财政支出项目越复杂，越不容易被媒体和大众所监督，那么政府官员就越有机会受贿和寻租。

三 理论模型：政府治理质量与财政支出结构的内生关系

根据大量的理论与实证文献可知，政府治理质量与公共支出结构可能存在着某种内在联系，具体地说，不同的政府治理决定着不同财政支出项目的比重。为了简单起见，我们假定存在两种类型的财政支出，一种是有益于改善官员自身福利和寻租(g_1)，另一种则有利于改善民生和社会福利(g_2)，其中，$\tau y = g_1 + g_2 = g$，g 是总支出，$g_1 = \varphi g$，$g_2 = (1-\varphi)g$，τ 是税率，财政支出依靠政府收入来融资。第一种可能包括行政管理支出和公共投资等，这些支出比较复杂，透明性低，不容易被公众监督；另一种包括教育卫生支出，这些支出在长期内比较明确和固定而且不容易发生寻租。也就是说，与能源项目、高速公路等大型资本项目相比，教师的工资、学校的基础实施比较容易得到评价。然而，表现良好的政治制度将会限制政府官员的寻租程度。换句话说，在民主制国家，许多官员身处选举自由和公开透明的政治环境下，为了增加自己的竞选和连任机会，他们在配置公共资源时不得不更加考虑社会的公共福利。相反，在一个缺乏民主和透明度低的政治体制下，因为政治权力并不是来自竞争激烈的选举，那么寻租最大化而不是社会福利最大化成为政府官员的主要目标。

根据上述分析，我们把政府治理质量定义为 Ψ，$\Psi \in [0, 1]$。当 $\Psi = 0$ 时，表示政府治理质量是最差的，这意味着政府官员一点也不在意关心公共福利，他会把全部财政支出用于满足自身利益；当 $\Psi = 1$ 时，表示政府治理质量是最佳的，这意味着政府官员会把所有财政支出用于公民的福利改善。当然，上述两种情况只是代表非常极端的特例，在现实中，财政支出有可能一部分被用于满足官员私利，另一部分用于保障公共福

① Mauro, Paulo, 1998, Corruption and the Composition of Government Expenditures. *Journal of Public Economics* 68: 263 - 379.

② Tanzi, Vito and Hamid Davoodi, 1997, Corruption, Public Investment, and Growth: International Monetary Fund (IMF).

利，最终，财政支出结构取决于财政支出多大程度上偏向于某一个方向。因此，$\varphi=\varphi$（Ψ），也就是说，财政支出比重是政府治理质量的函数，财政支出结构并不是外生变量，而是由政府治理质量内生决定的。为此，我们重点研究 $\varphi_{\Psi}=\partial\varphi/\partial\Psi$ 的符号，它表示政府治理质量对公共支出结构的影响。以下用一个正式的理论模型来推出两者之间的内在关系。首先，我们假定政治家的效用函数为：

$$V_{GOV}=\Psi U+(1-\Psi)R \tag{5.1}$$

其中，U 为辖区公民的效用函数，公民从公共支出 g_2 中获得效用，R 为政府官员的政治租金，它从公共支出 g_1 中获得。我们假定：

$$R=\theta g_1 \tag{5.2}$$

$$U=g_2^a c^d\text{，c 是私人消费，}0<a\text{，}d<1\text{，}a+d=1 \tag{5.3}$$

很显然，政府官员的最优化问题为：

$$\max\ V_{GOV}=\Psi g_2^a c^d+(1-\Psi)\theta g_1$$

$$\text{s. t.}\ \ \tau y=g_1+g_2=g$$

通过计算，可以得到相应的财政支出比例：

$$g_1=y\tau-\left(-\frac{\theta\ (\varphi-1)}{a\Psi c^d}\right)^{\frac{1}{(a-1)}} \tag{5.4}$$

$$g_2=\left(-\frac{\theta\ (\Psi-1)}{a\Psi c^d}\right)^{\frac{1}{(a-1)}} \tag{5.5}$$

对两式求偏导可得：

$$\frac{dg_1}{d\Psi}=-\left(-\frac{\theta\ (\Psi-1)}{a\Psi c^d}\right)^{\frac{1}{(a-1)}}\times\frac{1}{(a-1)\ (\Psi-1)\ \Psi}<0$$

$$\frac{dg_2}{d\Psi}=\left(-\frac{\theta\ (\Psi-1)}{a\Psi c^d}\right)^{\frac{1}{(a-1)}}\times\frac{1}{(a-1)\ (\Psi-1)\ \Psi}>0$$

命题：假定存在两种类型的财政支出，一种是有益于改善官员自身福利和寻租（g_1），另一种则有利于改善民生和社会福利（g_2），那么政府治理质量与 g_1 呈负相关，而与 g_2 呈正相关，即政府治理质量越高，更多的财政支出被用于改善公民福利，所以财政支出结构并不是外生变量，而是由政府治理质量内生决定的。

第五节 本章小结

中国特色的财政联邦主义在本质上与其他国家的财政分权相比呈现出自身的特色：一方面财政体制已经表现为大部分的分权特征，同时另一方面政治体制依然是自上而下的集权。也就是说，与西方民主国家不同，地方政府官员由中央政府任命而不是由当地的选举系统产生。所以，中国式标尺竞争就表现为“为增长而竞争”的晋升锦标赛。本章基于新政治经济学的研究视角，运用经济学理论中的“经济人”假设来研究地方官员的行为逻辑。一方面，由于地方政府承担任务的多维性以及他们和中央政府之间追求目标的差异和信息不对称，使中央政府和地方政府之间形成了一个任务冲突的多任务委托—代理关系，所以在有限任期的约束下，作为理性的经济人，地方政府官员必然追求本届政府或个人任职期限的短期政绩最大化；另一方面，为了能使自己在政治锦标赛中获胜，地方政府官员可谓绞尽脑汁地观察和分析其他官员的政策行为，特别是邻近辖区的一举一动更容易引起他的注意和应对，因为中央政府对两个相似地区能够更好地评价和对比，从而优先晋升地区经济绩效较好的官员。所以说，地方官员自利行为是财政支出结构偏向的直接诱因：私人理性的放大造成了财政支出结构的偏向，而公共理性的丧失导致了财政支出结构偏向的固化。如果把标尺竞争所带来的消极后果做更一般化的理解，那么研究对象就是政府治理问题。根据对 Devaranjia（1996）和邹恒甫（1998）的模型拓展，我们发现公共支出结构是由政府治理质量内生决定的。

第六章　优化地方财政支出结构的制度重构

第一节　引言

通过第四章的实证研究我们知道，财政支出结构的偏向给地方宏观经济带来了极大的消极影响，具体来说，就是使经济高增长无法维持、居民消费难以启动和城乡差距不断扩大。为了改变宏观经济失衡的局面，我们必须进一步提高财政资源的配置效率，从而对公共支出进行优化治理。根据第四章和第五章的研究结论，财政支出结构偏向的主要原因是财政竞争的无效和由标尺竞争所带来的地方治理质量的低下。然而，如果我们深入分析，不管是哪个原因，最根本的还是有效制度的缺失。根据制度经济学理论，制度决定着人的行为，而行为则引起相应的经济后果，所以，制度至关重要。因此，要想进一步优化地方财政支出结构，有效制度的构建和激励约束相容的机制设计是地方公共支出优化治理的关键和基础。本章主要从促进地方政府间财政竞争、改善地方政府的治理质量和健全地方公共支出的监管机制三个方面来研究优化地方财政支出结构的治理机制。

第二节　制度变革：促进地方政府间财政竞争的有效实施

关于财政竞争的效率问题，西方公共经济学已经进行了几十年的研究和探讨，我们可以大致将其分为“财政竞争有效说”和“财政竞争无效说”两类。前者认为，财政竞争的结果会提高经济效率，增进社会和个人的福利水平；后者则认为，财政竞争影响了政府经济活动的效率，降低了社会和个人的福利水平。不论是哪种观点，他们的思想主要源于1956年提出的蒂布特（Tiebout）模型，虽然蒂布特在经典论文中通篇都未直接谈到“财政竞争”，但是他的文章却蕴含着财政竞争的核心思想和主要机理。蒂布特的贡献主要在于提出了著名的“以脚投票”理论，即为辖区居民对地方性公共产品的显示偏好提供了一种准市场方式。但是，需要指出的是，蒂布特模型是以一系列严格的假设条件为前提的，之所以人们对财政竞争众说纷纭，原因就在于经济学家对这些假设有着不同的理解和定义。而如果我们进一步分析就会发现，其实每一个假设背后都代表着相应的社会制度模式。换句话说，蒂布特模型要想实现其完美的理论结果，必须以大量的制度建构为前提。所以，从某种意义上，我们认为，财政竞争是否有效取决于社会的配套制度是否完备，财政竞争的低效根源于现实的制度缺失。

一 辖区间人口流动、户籍制度改革与财政支出结构效率的改进

蒂布特模型中的一个重要假设：居民迁移是无成本的。也就是说，人口可以自由流动，存在足够多的潜在或现存辖区，这些辖区提供不同的公共产品束，居民通过无成本的迁移来选择自己想要的公共服务与税收组合。然而，理论上，劳动力迁移是有成本的，主要包括：所放弃的当前工作机会、交通成本、离开家乡和亲人的心理情感成本以及在原辖区苦心经营所构建的社会网络资本等。当然，迁移目的地的期望收入、个人及其家庭成员的发展机会、所迁辖区的公共基础设施水平等都是重要的迁移收益。所以，作为理性的经济人，在如何进行迁移决策过程中，实际上会像其他所有经济决策行为一样，在迁移成本和迁移收益之间进行仔细权衡。同样地，从辖区政府出发，劳动力的流进和流出对其经济发展和福利变化有着重要影响，地方政府也许为了快速提升本地经济而吸引高素质人才，也有可能担心辖区的拥挤而控制新移民的流入。总之，一方面，人的发展本身呈现出多样性的特征，不同劳动力的迁移目的可能会有很大差异，在这种情况下对各个辖区经济社会环境综合考量及其侧重点也就有所不同；另一方面，每个地方政府根据本辖区的自身情况可能会形成不同的财政支出结构，而对于劳动力来说，他会根据自身偏好选择相应的辖区。所以，从某种意义说，财政支出结构成为地方政府和劳动力相互影响的中间桥梁。只要劳动力充分自由流动，辖区政府的财政支出结构就会一直处于动

态变化之中，最终当劳动力停止迁移时形成一个稳定的财政均衡。

然而，在现实中影响居民迁移的，可能并不是经济成本的权衡，而是制度障碍的限制。虽然人口流动是财政竞争机制有效发挥的重要前提，但是由于西方国家内部人口流动自由度普遍较高，所以在西方财政竞争文献中，关注人口流动的研究相对较少。而在我国，鉴于传统户籍制度的弊端，已经成为阻碍社会人口流动合理化的制度性因素，所以人口流动对我国地方政府间财政竞争的影响意义重大。遗憾的是，国内相关的研究文献却寥寥无几。夏纪军（2004）从中央政府的角度关注人口流动对地方政府提供公共品效率和税收竞争的影响，为了控制人口流动对地方政府提供公共品的无效性和对税收收入的消极影响，中央政府选择对人口流动进行完全限制。[①] 付文林（2007）利用2000年全国人口普查的数据对我国人口流动与公共支出竞争之间的关系进行了一个计量实证得出，尽管存在户籍控制，但人口流动倾向还是反映了公共支出影响的结论。[②] 王丽娟（2010）通过关注人口流动与财政分区、户口政策这两种特殊财政竞争策略之间的关系，研究发现，在地方政府追求新增财政结余最大化的假设下，这两种政策都通过限制人口流动来实现地方政府目标最大化，虽然前者凭借不断提高新增居民带来的边际收益，而后者以削减为新增居民提供公共服务的成本为手段。[③]

其实，之所以国内经济学界很少关注人口流动，通过回顾中国改革开放的历程我们可以发现：资本流动是国内地方政府间竞争的主导因素，由资本的流动迁移所引发的财政竞争，并最终决定了地方政府财政资源的配置方向。改革开放之初，城乡二元结构导致了劳动力剩余而资本短缺，这必然弱化了劳动力在财政竞争中的地位，所以地方政府之间的财政竞争主要是对资本的竞争，竞争结果就表现为地方政府的财政支出结构与资本偏好具有较高的一致性。同时现行的城乡二元户籍制度是计划经济的产物，由于户籍背后捆绑了太多的经济福利，它人为地造成了城乡基本公共服务

① 夏纪军：《人口流动性、公共收入与支出——户籍制度变迁动因分析》，《经济研究》2004年第10期。

② 付文林：《人口流动的结构性障碍：基于公共支出竞争的经验分析》，《世界经济》2007年第12期。

③ 王丽娟：《人口流动与财政竞争——基于财政分区和户口政策的比较视角》，《中央财经大学学报》2010年第3期。

的不均等。虽然改革开放之后，中央政府逐渐放宽了对人口自由迁移的规定，但是各种社会福利并没有从户籍中剥离出来，很多外来人口为城市做出了巨大贡献却没有共享应有的公共福利。更重要的是，户籍制度塑造了他们“外来人口”的身份烙印，这就使他们无法取得诉诸维权行动的政治合法性。所以，辖区政府在进行公共支出预算时并不会考虑外籍人口的福利状况。总之，由于户籍对于辖区居民的重要性，即使该辖区的公共服务环境并不是很理想，他们在不能取得其他辖区户籍的情况下是不会轻易迁移的。

一旦某项社会制度人为地限制了劳动力的自由流动，那么整个社会的资源配置将无法实现帕累托最优。其实，劳动力选择辖区的自由就好比消费者选择商品的自由，如果规定某些商品只允许特定的人群购买，那必然导致权力的寻租和经济效率的低下，所以，要素的充分流动是良性竞争的前提。由于户籍政策的限制，中国人口的实质性流动程度很低，如果中央政府对户籍制度进行彻底的变革，那么地方政府间财政竞争将同时考量资本和劳动力的双重流动，把资本和劳动力放在同等重要的位置。一旦劳动力可以在辖区间自由流动，居民就会比较本辖区和相邻辖区的公共服务水平从而决定是否迁移，地方政府为了维持辖区的经济发展和自身政治利益而不得不改变财政支出结构，提供更多符合居民偏好的公共服务以防止居民的“用脚投票”。总之，劳动力的流动将迫使地方政府不断优化财政支出结构，提升地方政府公共资源配置的帕累托效率。可以相信，在不久的将来，随着经济的不断发展，由于人们对公共服务的需求逐渐凸显，全球将步入一个公共服务短缺的时代，为了吸引和留住宝贵的人力资源，地方政府间的财政竞争不再表现为“招商引资”，而是“招兵买马”。

二　财力不平衡、转移支付制度与基本公共服务均等化

在蒂布特模型中，居民根据自身对公共产品的偏好来选择居住的辖区，显然，辖区之间通过调整税率与公共产品的组合而相互竞争，所以从理论上说，蒂布特机制的本质是在居民所选择的辖区之间形成一个有效率的竞争性市场，与商品市场不同的是，作为消费者的居民选择的是提供不同公共服务的辖区。如果该机制要想完美地发挥作用，背后必然隐含着一个重要假设：各个辖区有着大致均等的财政能力。因为只有辖区间的财政能力均等，才能形成一个竞争激烈的辖区市场，如果某些辖区的财政能力明显过大，而某些辖区的财政能力相对过小，那么居民必然向财政能力强

的辖区集中，也就不存在什么“用脚投票”的价值。其实，辖区之间的竞争就类似于厂商之间的竞争，完全竞争市场比垄断市场对于资源的配置更加有效。所以，辖区间财政能力均等化是蒂布特机制有效实施的前提，只有在均等化的前提下，通过生产要素的流动才能迫使地方政府改善公共资源的配置效率。

然而，在现实中，特别是像我国这样的发展中国家，不论是中央与地方之间，还是地方与地方之间，财力不平衡已成为一个不争的事实。从理论上，财力不平衡分为纵向财力不平衡和横向财力不平衡。纵向财力不平衡是指中央政府集中的财政收入比重明显高于支出的比重，产生了财政盈余；而地方政府的财政收入比重则大大低于支出比重，形成了财政缺口。之所以产生纵向财力不平衡是在现有的财政体制下，由于各级政府间收支划分不清而使得政府间事权与财权的不一致，最终导致地方政府财政收入少却要承担更多的支出责任。横向财力不平衡主要是指同级地方政府之间所出现的财力不均衡。造成横向财力不平衡的主要有两方面因素，一方面，由于各地区的自然资源禀赋和地理环境的不同可能使得财源分布不均匀；另一方面，各地区经济发展水平不同，相应地，税基也就不同，在同等的税收努力条件下，财政能力就会存在差别。改革开放之后，我国实行的是非均衡发展战略，重点和优先发展东部沿海地区，这促进了东部地区经济飞速发展，从而拉大了其与中西部地区的经济发展水平，使得财力呈现不同水平，从图 6－1 看出，1997 年以来我国三大区域的财力差距越来越大。

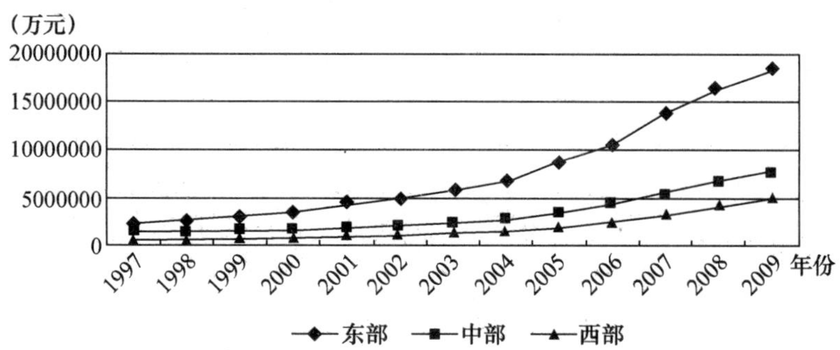

图 6－1　1997—2009 年东部、中部、西部的平均财政收入

资料来源：根据各年份的《中国统计年鉴》的数据计算得来。

如果按照蒂布特模型所描述的理论世界是完美的，那么就没有理由将财政资源从发达地区转移到落后地区，因为即使居民选择了财力不足和公共支出水平低下的辖区，这种结果也已经是“用脚投票”的最优选择，中央任何的转移支付都会降低效率，并且会造成不同辖区居民的福利损失。[①] 然而，蒂布特模型与现实的巨大差距也正说明中央转移支付的必要性，范子英（2007）认为，至少有三个理由支持政府间的转移支付。首先，政府间纵向上的财力不平衡需要利用转移支付来解决，在大部分国家，中央一级政府都掌握了主要的税基，而地方政府的支出责任又很大，因而要求中央政府将财政资源转移给地方政府。其次，政府间横向的不平衡需要实施转移支付，在劳动力无法自由流动的情况下，居民无法利用“用脚投票”的机制去均等化分享基本公共服务，转移支付是保障公民基本权利的手段。最后，外部性的存在要求进行转移支付，对于一些具有溢出效应的公共投资，地方政府缺乏动力，需要中央政府给予必要的补助。[②]

一个追求社会公平的国家，政府提供的公共服务不会由于存在地区经济差距而出现巨大的不平等。然而，各个地方政府拥有财力的均等是保证公共服务均等化的物质基础。很显然，政府间转移支付就是实现地方政府财力均等的一个有效途径，中央通过实行完善的转移支付制度，从纵向与横向上对地方政府进行规范的财源转移，从而能够弥补政府间的财力缺口，使地方政府有能力提高基本公共服务水平，最终为公共服务均等化目标的实现创造物质前提。

第三节　制度改良：提高地方政府的治理质量

一　地方政府治理观念的转变：从“经济建设型政府”到“公共服务型政府”

根据第二章地方财政支出结构的统计分析，我们可以判断当前我国地

---

① Grubeb, Jonathan, 2005, *Public finance and Public Policy* [M]. New York: Worth Publishers.

② 范子英：《央地关系与区域经济格局：财政转移支付的视角》，博士学位论文，复旦大学，2007 年。

方政府仍然是“经济建设型政府”，其主要特征表现为：它是一种拥有合法性权威和垄断大量资源的科层制组织结构，以政府和官员为本位，把经济事务作为管理对象，以经济发展作为首要目标，一切财政资源都为经济发展服务。[①] 在经济发展水平和市场发育程度都很低时，这种治理模式对于快速实现经济增长有其积极的意义。但是，一旦经济发展水平跨越到一定程度之后，这种模式就会给社会发展带来一系列问题。一方面，地方政府为了发展经济往往急于求成，最终违背了经济增长的基本规律，影响整个宏观经济的正常运行，比如说投资过度、产业结构不合理和高增长、低就业的矛盾等。最重要的是，在经济建设型政府的治理观念下，地方政府将其有限的财政资源大量用于经济建设时，势必会削弱公共物品的供给能力，从而造成公共需求的短缺。由于长期以来以政府为中心的行政管理体制，一些政府官员往往强调以自我为中心，服务意识淡薄。在现实中，政府机构的许多活动并不是为了满足社会公众的需要，提供优质和全面的公共服务，而是满足官僚机构自身的需要。因此，由于政府机构的特权地位，再加上缺乏竞争的选举制度和中央监管信息的不完备，必然使得地方政府提供公共服务的效率低下，最终造成社会资源的严重浪费和整个社会经济运行的低效率。

与经济建设型政府不同的是，公共服务型政府是在公民本位、社会本位理念指导下，在整个社会民主秩序的框架下，通过法定程序，按照公民意志组建起来的为公民和社会提供良好公共服务的责任政府。[②] 为了完整深刻地理解公共服务型政府，我们可以从以下几个方面来阐释其内涵。

第一，公共服务型政府是以公民为本位的政府。所谓“公民本位”就是政府在公共管理中，首先要考虑的是公民的利益，或者说公民利益的最大化是政府工作的价值追求和出发点。所以，政府制定的公共政策必须是公民意志的反映，政府的角色更多的是整合公民的意见，并确保最终达成的公共政策符合大多数人的意愿。

第二，公共服务型政府是以服务为宗旨的政府。经济建设型政府主要职能就是为经济建设和经济发展服务，政府财政过多地投入到经济建设

① 杨莉：《试论我国地方政府治理模式改革——由经济建设型政府向公共服务型政府转变》，硕士学位论文，南昌大学，2010 年。

② 刘熙瑞：《服务型政府——经济全球化背景下政府改革的目标选择》，《中国行政管理》2002 年第 7 期。

中，而对社会管理及公共服务职能的发挥缺乏相应的财政支持。而公共服务型政府则非常强调政府的公共服务职责，除了发展经济以外，还应为辖区百姓提供一个安定有序的社会环境和保证最基本的公共服务。

第三，公共服务型政府也是法治政府。也就是说，政府行使公共权力是受法律约束的，政府的权力也是有限的，并不是无所不能、无所不包的。政府拥有哪些权力都是由法律决定的，政府行为必须在其法定的职权范围内，无权随意扩大自身的权力范围。①

我国正处于社会转型时期，开始由生存型社会向发展型社会转变，相应地，公民对公共服务的需求也呈现出不断增长的趋势，所以，政府必须充分重视人的全面发展，密切关注和满足社会成员的各种基本公共需求，为此，这就需要政府转变治理模式，重新认识政府机构的时代特性，快速实现向公共服务型政府的转型。

首先，建设服务型政府是市场经济发展的内在要求。在市场经济体制下，政府变成有限政府，其管理方式必须由全面干预变成提供公共服务，社会需要政府干什么，政府才能干什么，充分发挥其应有的服务功能。只有这样，才能弥补市场失灵从而形成有效竞争、充满活力的有序市场。

其次，建设公共服务型政府是实现社会稳定的必要条件。经济建设型政府容易造成许多危害社会稳定的问题，比如社会贫富差距扩大和分配不公等。为了给经济发展提供一个良好的社会环境，作为执政政府，必须解决好公民的一些基本生活保障问题。这就要求政府治理的全面转型，更多地关注民生，关注弱势群体的生存与发展，为他们提供基本的公共服务。

最后，建设公共服务型政府也是适应经济全球化的必然趋势。当前，随着经济全球化进程的加快，国际竞争越来越激烈，在这种背景下，政府只有提供高质量的公共服务和拥有高效率的行政机构，才能吸引外资，提高本地区的经济竞争力和社会影响力。

二　以公民为中心：地方公共事务的治理之道

（一）善治视角下的公众参与

20 世纪 90 年代以来，为了能够应对社会环境的急剧变化以及解决一系列棘手的公共问题，许多学者和国际组织纷纷提出了“善治”，以作为对很多政府治理失败的一种回应。根据我国学者俞可平的理解，善治就是

① 井敏：《构建服务型政府：理论与实践》，北京大学出版社 2006 年版，第 71—84 页。

使公共利益最大化的社会管理过程，其本质特征就在于它是政府与公民对公共生活的合作管理，是法治国家与公民社会的一种新颖关系，是两者的最佳状态。善治有合法性、透明性、责任性、回应性和有效性五个基本要素。[①] 善治理论的提出与新公共管理理论的思想不谋而合，其代表人物登哈特等学者的基本观点包括：（1）服务于公民，而不是服务于顾客；（2）追求公共利益；（3）重视公民权胜过重视企业家精神；（4）思考要具有战略性，行动要具有民主性；（5）承担责任并不简单；（6）政府的职能是服务，而不是掌舵；（7）重视人，而不只是重视生产率。[②] 所以，新公共服务理论对政府管理的要求从以往单纯强调效率和公民参与，上升到关注公民的利益需求，将政府行为的本质理解为一种服务于公众的过程。因此，善治实际上是国家的权力向社会的回归，善治的过程就是一个还政于民的过程，它的本质特征是政府与公民对公共生活的合作管理，所以，善治离不开政府，更离不开公民。在某种程度上，公民参与被看作是善治的逻辑起点和核心内容，因为公民参与是实现善治目标的唯一途径，公民只有通过各种有效方式充分表达自己的意见，才能对公共政策的制定、执行和监督产生积极而有效的影响。一方面，公民参与公共政策打破政府机构在公共事务管理上的垄断地位，通过政府与公民的有效互动，才能确保政策执行主体充分了解公众的利益需求，从而克服公共决策中的信息不对称，最终使公共政策的效率得到大大提升。另外，作为以“公民为本位”的善治政府，其一切出发点都是为公民提供令他们满意的各种公共服务，所以，百姓是否满意就成评估政府绩效的最终标准。

（二）公民的声音表达影响地方政府的公共责任

政府的公共责任是最重要的，它是民主政治体制的设计者们所关注的，也可以被证明是构建公共部门管理体系的主要的关注点，多年来已成为许多改革和发展的焦点。这种创新越来越多地强调公民声音表达的作用，以保证公共官僚对大众的责任。这种强调在地方层面的改革和分权化的创新方面尤为突出，政策的制定者把地方声音的表达，或者说在不同的治理过程中的公民参与，看成是治理过程中的纪律和指导。很多国家的政府和国际组织目前尝试着推动带有这些内在影响的声音机制，期望通过推

---

① 俞可平：《治理与善治》，社会科学文献出版社 2000 年版。

② 珍妮特·V. 登哈特、罗伯特·B. 登哈特：《新公共服务——服务，而不是掌舵》，中国人民大学出版社 2004 年版。

进地方或辖区政府的声音表达来更大提升政府的责任，因为声音对责任有着积极的影响。

人们相信，当人民有很强的能力可以表达他们的需求、不满和对政府官员的意见时，他们就可以使政府负责，人民的作用就被最好地定位了。声音表达的重要性更是被广泛地认识到了，赫布曼（Hirschman，1970）将之描述为在私人物品和服务中顾客解决绩效恶化问题时的主要工具之一。[①] 保罗·萨缪尔森（Paul Samuel）和其他学者则将之扩展到公共部门，认为公共声音表达是一种影响公共组织，使其有责任、有回应性并且高效地提供服务的强制力量。保罗·萨缪尔森（1992）将声音表达定义为公众可以通过一些参与的形式或者抗议或反馈的表达方式来影响服务的最终结果。这项研究紧接着指出，在许多国家和发展型组织中，人们已经提出了“一种意识”，人民的声音应该提供信息和影响决策、行动和政府的责任。[②]

声音的表达和参与的重要性往往体现在一些决策主要在于哪些服务被提供和怎样提供等诸如预算和计划过程的领域，这些治理过程往往强调声音的表达。保罗·缪尔森（1996）提出，在这些领域加强参与和声音表达，这种影响会促进更高层面公民导向责任的达成，进而更有效地利用资源，提升公共部门对公民需求的回应性。声音表达也被看成是一种通往绩效型政府以及以公民为中心的责任型行动中最重要的核心要素。[③] 在进行这样的联系时，戈珀库马（Gopakumar，1997）认为，最终用户的声音是最好的衡量绩效方式，声音表达也被认为是公共组织进行基本检验的必须工具。[④]

三　完善地方官员的晋升考核制度

作为我国地方政府官员的晋升激励机制，“晋升锦标赛制度”激发了地方政府官员的积极性，使地方政府“为增长而竞争”，从而保持了中国长期的经济增长势头。但是，由于其本身原理上的局限性和实践中制度设计不合理，对我国地方政府治理及其公共服务的供给带来了许多负效应，

---

① Hirschman，Albert，O.，1970，*Exit*，*Voice*，*Loyalty*：*Responses to Decline in Firms*，*Organization and States*. Cambridge，MA：Harvard University Press.

② Paul Samuel，1992，“accountability in public services：exit，voice and control”. World Development 20：1047 –1060.

③ Paul Samuel，1996，“Strengthening Public Accoutability through participation”. In Participation in practice，ed. World bank discussion paper 333，World Bank，Washington D C..

④ Gopakumar，K.，1997，“public feedback as an aid to public accountability：Reflections on an alternate approch”. *Public Administration Development* 17：281 –282.

所以我们必须通过改进与完善晋升锦标赛机制才能真正实现地方官员的激励转型。

首先，改变考核地方官员的指标体系是目前的一种改革思路，由一种比较单一的增长指标变成更具综合性的指标体系，比如说，纳入环境保护、公共服务和经济发展等多指标考核体系。一旦中央对地方政府官员引入多指标考核，一方面，可以尽量减少地方官员的激励偏离，从而改变他们 GDP 至上的执政理念；另一方面，中央还可以对各绩效指标赋予合理的权重。由于不同指标的可观测性，不同指标之间关系包括相互独立、相互补充和相互冲突等不同类型，导致不同指标对地方政府行为的激励效果存在较大差异，因此单纯从激励的角度分析，各种指标的重要性不同，应赋予不同的权重，不能同等对待。比如说，为了扭转当前重视经济增长而忽视公共服务、资源环境保护等方面的发展趋向，中央应该大幅增加对资源环境和公共服务方面的考核权重。①

其次，以民众满意度为地方官员绩效考核的价值导向，也就是让政府公共服务的对象——公众对政府施政的满意度进入官员的考核过程。如果将当地公众的满意度作为主要考核指标，把官员的政绩交给他所服务的对象来评价，地方政府官员就没有必要为了给上级看而“做”出一些不符合地方实际需要的政绩来了。为了尽量降低晋升激励所带来的消极后果，我们应该将地方政府的注意力集中在服务本地公众的能力及其满意度等方面。因为政府绩效评估过程实际上也是一个信息交流的过程，只有将政府行政信息及其绩效评估过程和结果公之于众，形成“鱼缸效应”，随时接受公众与媒体的监督，才能使政府官员有压力感，迫使其提高绩效，为公众提供满意的服务。② 同时，我们可以进一步发挥人大和政协在监督和问责政府官员方面的作用，引入差额选举的方式，让辖区内的公众意愿能够影响官员的仕途，并适当增加新闻媒体的监督作用。这样可以大幅度降低上级政府在考察官员所需的信息成本和设计指标的困难，从而从根本上减少对晋升锦标赛模式的依赖。

最后，地方官员具有异质性，可能由于执政的区域不同、年龄结构不

① 张万宽：《地方政府绩效考核研究——多任务委托—代理视角》，《东岳论坛》2010 年第 5 期。

② 唐俊：《我国地方政府官员晋升激励制度的困境和路径选择》，《新疆社科论坛》2010 年第 3 期。

同以及履历背景的差异，所以，不同类型官员应该有针对性地进行适当激励，以体现晋升制度的合理公平。从理论上说，政府官员被区分为五种类型：第一种类型是权力攀登者，在他们的价值结构中，首先要考虑的是权力、收入和声望。第二种类型是保守者，他们寻求的仅仅是保留他们已经得到的权力、收入和声望。第三种类型是狂热者，他们效忠于相对狭窄的政策或观念。第四种类型是倡导者，他们也追寻权力，因为他们想对那些与职责或组织相关的政策和行为形成重要影响。第五种类型是政治家，他们效忠于整体的社会，他们渴望得到权力，因为要对公共政策和行为有重要影响就需要拥有权力。① 所以，中央通过考察各类地方政府官员之后，就可以有针对性地制定适当的激励措施以提高他们的积极性。另外，由于每个官员执政地区的发展水平和初始条件不同，如果单是从政绩来考核各个地方政府官员的能力是不合理的，因为经济发达地区的政府官员不用好好干就可以取得很好的政绩，而发展条件差的地区，政府官员也许非常努力仍然绩效不佳。因此，中央对地方官员的考核要“因地制宜”，对不同区域的官员给予不同晋升标准，以保证晋升规则的合理公平。

第四节　制度强化：健全地方公共支出的监管机制

一　公共支出过程中的委托—代理

由于公共支出过程中经常出现信息不完全和信息不对称，由此造成了委托—代理关系的存在。作为委托人，公众代表着公共利益，它委托给政府机构的是财政资金的处置权。而地方政府作为代理人，它必须生产一定水平和质量的公共服务才能获得公民的税收。委托—代理问题的主要矛盾在于公众与地方政府有着不同的目标，公众的目标就是要让地方政府执行它的支出计划从而满足其公共需求，而地方政府有他自己的目标函数及其相关的利益诉求。另外，由于地方政府比公众拥有更多的信息优势，所以地方政府执行契约时会同时隐藏行动和隐藏信息。实际上，在委托—代理理论中，如何衡量代理人的绩效一直是一个难题，作为行动的实际绩效可

① 安东尼·唐斯：《官僚制内幕》，中国人民大学出版社 2006 年版，第 89 页。

能基于很多综合指标，包括产出、结果和影响，这样的信息很难得到，即使得到有时也很难度量。最终，代理人隐藏信息的结果可能给委托人带来表现不佳的契约绩效。比如在标准的代理文献里，代理人行动所面临的自然状态是一个随机变量。如果外部自然条件非常好，地方政府可能会选择不努力从而带来低产出，然后向公众谎称这样的坏结果是由于不理想的外部环境所致。下面我们通过简单的理论模型来更好地理解委托人与代理人的冲突与均衡。

我们假定公众与地方政府都是风险中性的。公众给地方政府缴纳税收，但地方政府必须提高当地居民的公共服务水平，所以我们可以把财政收入看作投入，而居民的公共产品看作产出，那么地方的产出水平由两个因素决定，一个是外生的生产率 θ，另一个是地方政府的行动效果或努力水平 e，$x=\alpha(\theta, e)$，其中，$\alpha_e>0$；$\alpha_{ee}<0$，$\alpha\theta>0$。中央可以观察到地方政府最终的产出水平，所以，它属于公共信息。但是，e 是地方政府的私人信息。而外生的生产率 θ_i 是一个随机变量，可以是高或低，即 $i\in\{H, L\}$，相应的随机概率为 q 和 $1-q$，并且 $\Delta\theta=\theta_H-\theta_L>0$。

同样，假定 $\alpha(\theta_H, e)>\alpha(\theta_L, e)$；并且 $\alpha_e(\theta_H, e)>\alpha_e(\theta_L, e)>0$。地方政府付出努力函数为 $\psi(e)$，$\psi_e>0$ 和 $\psi_{ee}>0$，为了得到严格正的并且受约束的最优努力，假定 $\alpha(\theta, 0)=0$；$\psi(0)=0$；$\lim\limits_{e\to 0}\psi_e(e)=0$；$\lim\limits_{e\to 0}\alpha_e(\theta, e)=\infty$；$\lim\limits_{e\to\infty}\psi_e(e)=\infty$；$\lim\limits_{e\to\infty}\alpha_e(\theta, e)=0$。地方政府的效用函数为 $u=t-\psi(e)$，其中，t 是财政收入，可以把它的保留效用形式化为零。同样可以假设 $\Delta\theta$ 足够大，使得中央政府在高产出的时候总是能够使境况变好，即$x_H-t_H>x_L-t_L$。为了更好地形成对比，先看在完全信息情况下，中央政府与地方政府的均衡结果。中央政府的优化问题是在各种随机因素下选择地方政府的最优努力水平和财政收入的最优数量，从而最大化自身的期望产出：

$$\max_{e_H,e_L,t_H,t_L} E(X)=q[\alpha(\theta_H, e_H)-t_H]+(1-q)[\alpha(\theta_L, e_L)-t_L] \tag{6.1}$$

理性的地方政府在概率情形和参与约束之下：

$t_H-\psi(e_H)\geqslant 0$　　　　$IR(H)$

$t_L-\psi(e_L)\geqslant 0$　　　　$IR(L)$

在完全信息情况下，为了实现均衡，公众必须让地方政府的边际成本和产出的边际收益相等，即 $\alpha_i(\theta_i, e_i^*)=\psi(e_i^*)$，$i\in\{H, L\}$。而财政收入正是两种参与约束下的最优结果：$t_i^* = \psi(e_i^*)$，公众在这种情况下可以获得最优的有效努力水平，而地方政府无法得到租金。但是，在不完全信息情况下，地方政府的努力和自然信息是无法观察到的。此时，公众就无法实施强制性契约，但可以通过让渡激励从而间接诱导地方政府实施理想化的努力结果。所以，公众必须提供正确激励结构才能让地方政府产生最高努力，特别是当外生的生产率水平高时，地方政府通过调整它的努力水平以至于和产出水平不好情况一致，我们可以定义为 $\tilde{e}_L$，$\alpha(\theta_H, \tilde{e}_L) = \alpha(\theta_L, e_L)$，这意味着如果 $i = H$，地方政府可以实施一个低努力，并产生一个低产出 x_L，同时声称得到 t_L。地方政府在这种情况下欺骗得到的信息租金等于 $[t_L - \psi(\tilde{e}_L)] - [t_H - \psi(e_H)] > 0$。同时，为了保证在低产出情况下中央政府停止契约不是最优的，我们假定 $(1-q)\alpha(\theta_L, e_L) > \psi(e_L) - q\psi(\tilde{e}_L)$。

传统的委托—代理理论依赖激励相容机制来阻止这种欺骗。当 $i = L$ 时，地方政府不会欺骗并且无法寻租；当 $i = H$ 时，为了诱导它实施最佳努力水平，地方政府必须得到信息租金，它等于 $\psi(e_L^{SB}) - \psi(\tilde{e}_L^{SB})$，其中 SB 表示次优，$\alpha(\theta_H, \tilde{e}_L^{SB}) = \alpha(\theta_L, e_L^{SB})$。尽管此时产出是有效的，但是和完全信息相比，地方政府大大降低了其努力程度。上述情况反映了在逆向选择问题中租金抽取与经济效率的权衡。其中，期望产出的最优解与次优解之间的差距就是由于信息不对称所产生的代理成本。

二 财政监督制度

根据信息经济学和制度经济学的相关理论，我们知道解决公共支出过程的信息不对称主要通过激励制度和监督机制来约束代理人的行为为委托人的利益服务，从而克服逆向选择与道德风险。但是，公共支出过程中的激励往往是低效的。一方面，公共支出过程是多重任务代理和多委托—代理。多重任务代理下总有一些任务容易被代理人重视，为了避免代理人对其他任务的忽视，委托人与代理人的博弈均衡是所有任务的低激励机制；多委托—代理下，当提供高激励的委托人意识到自己的一些激励资金通过代理人转让给了提供低激励委托人时，就不会愿意提供高激励的资金了，所以最后的纳什均衡是所有的委托人都提供低激励资金。① 另一方面，公共支出过程中委托—代理的客体具体说应该是财政资金的处置权和监督

① 蒋洪：《公共财政决策与监督制度研究》，中国财政经济出版社 2008 年版，第 10 页。

权，但公众将这种财政资金的处置权和监督权置于公共领域成为公共权力，当公民将公共权力委托给代理人时，代理人将可能过度使用这种公共权力，同时也正是公共产权的不可分性，使得在公共支出过程中的委托—代理关系中“没有具体的所有者和委托主体，只能是所有者代表制，失去了激励的内在动力。鉴于上述原因，公共支出过程中的委托—代理关系的激励制度并不那么有效，但代理人的公共权力又不得不制约，所以只有靠监督等约束制度才能制约代理人的行为。①

从理论上说，公共支出监督的形式可以有很多种。按照监督主体与监督客体之间的关系分为内部监督和外部监督。如果监督主体和监督客体在同一组织内，就是内部监督，例如财政部门内部的专职监督部门对财政部门内其他部门的监督和财政部门内部各业务部门之间的相互监督、财政资金使用单位内相关部门对内部其他部门的监督；相反，如果监督主体和客体不在同一组织内，我们则称之为外部监督。② 按照监督的时间分为事前监督、事中监督和事后监督。从公共支出过程看，事前监督一般发生在公共支出的决策阶段，事中监督则发生在公共支出的执行阶段。当财政资金使用单位较看重当前利益时，应该对其加强事前和事中监督。最后，为了监督被监督者的合规性和绩效性，还必须对公共支出实行绩效监督。因为监督部门往往由于信息问题很难公正地对财政资金的使用状况做出评价，特别是监督者与被监督者很容易串谋，在这种情况下就必须实施绩效监督。③

三　财政透明制度

虽然财政监督可以约束和检查代理人的财政行为，在一定程度上减缓了公共支出过程的机会主义，但是我们都知道，委托—代理问题的主要矛盾在于委托人缺乏信息从而代理人利用信息优势获取信息租金。所以，为了从根本上解决公共预算的信息不对称，增加信息披露的财政透明是实现财政公开、建立公共财政的有效途径。

首先，财政透明降低了公众的信息成本从而增加其对财政监督的参与度。政府部门掌握绝大部分的社会信息资源，在信息方面政府具有天然的

① 徐曙娜：《公共支出过程中机会主义的控制方法》，《复旦公共行政评论》，上海人民出版社2006年版。

② 王晟：《财政监督理论探索与制度设计研究》，经济管理出版社2009年版，第9页。

③ 徐曙娜：《公共支出过程中的信息不对称》，中国财政经济出版社2005年版，第3页。

优势，而作为信息需求者和接受方的社会公众处于劣势。如果政府将这些信息秘而不宣并限制言论自由，那么公众的知情权和参与权就无从实现，因为公众要获得这些信息成本太高了。一旦信息不透明将导致公众对财政支出的茫然无知，极大地限制或打击了其参与公共财政的能力与热情。另外，信息不透明还会导致公众监督弱化，因为在信息不透明而公众获取信息十分困难的情况下，政府利用其自身的技术优势和垄断地位，使公众无法对它进行实质性的有效监督。因此，只有保证公共事务信息的公开透明，才能真正改变公民和政府信息不对称的状态，有效防止公共事务信息成为政府决策部门和决策者之间牟利的秘密，最终激发了公民的参与意识使公民能够和政府进行真正的互动。

其次，财政透明有助于提高政府财政支出决策的有效性和科学性。信息不透明迫使政府通过行政权力强制推行其财政政策，造成政府与公众之间的矛盾，财政支出效率低下。所以，提高财政透明度，能够提高政府财政支出决策的科学化。政府通过增强与公众信息交流的“诚实性”和“共同理解性”，积极吸纳民意，及时对决策进行纠偏并继续在与公众交流中予以重新验证，进而提高政府的回应力，促使政府对公众提供公共产品的数量、质量和方式有了全面的了解。总之，财政透明有利于在财政部门、政府和公众之间形成一种开放透明的沟通机制与监督机制，将财政支出过程置于公众的监督之下，促使其在做出决策及具体执行时更加有效。①

最后，财政透明有助于消除财政幻觉，约束政府官员的败德行为。由于财政以征税方式取得财政收入而提供公共产品，但是不同的个人所享受的公共产品与承担的税负之间并无必然的对等关系，所以公众很容易产生财政幻觉，对当前的财政支出和支出效果往往一无所知。财政幻觉的存在往往会夸大公共支出的效益，低报税收的实际成本，相应降低了官员的财政支出风险。再加上官员本来就有模糊税收、夸大支出的效益和隐瞒政府负债的强烈动机，而预算的复杂性恰恰提供了这一良机，所以官员自然就没有动力为公众提供简单、清晰和透明的预算；相反，总是故意策略性地限制财政信息公开程度，从而隐瞒或粉饰过度与导致滥用的公共支出。②

① 赵大全：《公共财政的公共性与透明度问题研究》，博士学位论文，财政部财政科学研究所，2011年。

② 同上。

因此，财政透明可以营造一个“看得见的政府”，公众可以很清楚地知道政府把钱花在哪儿了？目前财政支出的具体效率是怎么样的？在这种制度约束下，政府官员的欺骗行为很容易被揭穿。

第五节　本章小结

通过上述详细的分析和论证，我们可以发现，要想进一步改善地方政府的财政支出结构，必须从以下几个方面进行优化治理。

首先，促进地方政府间财政竞争的有效实施。财政竞争的低效根源于现实的制度缺失。所以，如果能够进一步改革户籍制度，使辖区间人口充分流动，那么有效的财政竞争就能使财政支出结构效率得到改进。

其次，如果中央加大专项转移支付，就可以弥补地方政府财政支出结构的缺陷，从而保证公民享有最低公共服务。

再次，改善地方政府的治理质量。我国已经由生存型社会向发展型社会转变，所以，一方面政府必须充分重视人的全面发展，密切关注和满足社会成员的各种基本公共需求，为此，需要政府转变治理模式，快速实现向公共服务型政府的转型，建立以公民为中心的地方治理；另一方面中央也必须通过改进与完善晋升锦标赛机制，真正实现地方官员的激励转型。

最后，健全地方公共支出的监管机制。由于公共支出过程中经常出现信息不完全和信息不对称，由此造成了委托—代理关系的存在。为了防止代理人的逆向选择与道德风险，有效的财政监督机制和增加信息披露的财政透明制度是实现财政公开、建立公共财政的有效途径。

第七章　结论及政策建议

第一节　主要结论

一　地方财政支出结构出现了系统性偏差而且这种偏向呈固化状态

通过对 1997—2009 年我国地方财政支出的总体描述和区域比较，我们可以总结出地方财政支出结构的两个典型特征：（1）财政支出结构存在着严重的经济、城市和政府偏向；（2）财政支出结构偏向呈固化状态。很显然，地方财政支出结构的现状说明了地方政府并没有依据财政支出配置基本原则。首先，城市偏向违背了平等性原则，因为不管是居住在城市的公民，还是居住在农村的公民，都应该享受政府公共财政的“阳光普照”。其次，政府偏向违背了公共性原则。政府的财政收入必须取之于民、用之于民，而且政府并没有权力对自身消费过度分配，财政预算需要通过全面的“一致同意”。最后，虽然加大经济建设支出有助于短期快速发展经济，但是等边际原理告诉我们，财政资源也须遵守边际标准才能保持经济增长的长期性和连续性，否则只会带来财政资源的浪费和对用于民生改善资源的侵占。

二　财政支出结构的偏向是目前中国发展失衡的根本原因

本书第三章从乘数效应、挤出效应和马太效应三个维度来刻画财政支出结构偏向对宏观经济所造成的消极影响，基于中国省级面板数据的计量检验，可以得到以下结论：

其一，对于全国的总样本来说，科技支出和民生支出的产出弹性系数为正，而经济建设支出、农业支出和行政管理支出的产出弹性系数为负。为了更清楚说明财政支出结构对经济增长的影响，该章还单独估计了在不考虑财政支出结构的情况下，财政支出总量对经济增长的产出弹性。通过比较两者大小，我们发现，如果不考虑财政支出的结构性，财政支出总量对经济增长的作用往往被高估，所以对于经济增长而言，财政支出的结构效率比规模效率更加重要。

其二，通过比较总量和结构两个角度来研究和检验政府支出与居民消费的关系，结果表明，如果从总量角度出发，地方政府支出对居民消费具有挤入作用，说明财政支出的规模较为合理；但是从结构角度出发，地方政府支出对居民消费具有较大的挤出作用。

其三，城市偏向的财政体制是影响城乡差距的关键因素。地方政府为了快速发展本地经济，对于财政支出的投入必然“以城市为中心”，这导致了财政支出结构的人为偏向，最终影响农村的经济绩效和农民生活水平的提高，从而引起城乡差距的不断扩大。

三 虽然目前我国不完善的转移支付制度和户籍制度在不同程度上影响了财政竞争的有效实施，从而导致公共支出结构的偏向，但是长期看财政竞争对于改善公共支出结构是动态有效的

本书第四章基于1997—2009年中国省级面板数据，利用交互项系数符号的估计来研究财政竞争与地方政府支出结构的关系。通过理论分析和实证检验发现，虽然在财政均等化和劳动力流动的约束下，财政竞争与公共服务支出呈负相关从而偏向了公共支出结构，但是长期财政竞争对于改善公共支出结构是动态有效的。所以本书认为，如果中央政府能够在长期中提供合理的制度安排，地方政府间的财政竞争并不会导致公共支出结构的偏向，制度缺失才是导致财政竞争无法有效实施的真正原因。中央政府只有从制度创新着手，改变原有财政制度中影响公共支出效率的各种体制性约束，重新建构有效竞争的市场秩序，才能引导地方政府的良性竞争和公共支出结构的理性回归。

四 地方官员自利行为是财政支出结构偏向的直接诱因：私人理性的放大造成了财政支出结构的偏向，公共理性的丧失导致了财政支出结构偏向的固化

地方官员的行为面临着自利性与公共性的冲突与矛盾，它是私人理性与公共理性的统一体。当社会制度和政治体制非常完善和健全，地方官员就会更多地趋于公共性，其行为也更符合公共理性；但是，如果地方官员的自利倾向没有受到相应的制度与监督约束，那么它就会像一只刚从牢笼中逃脱的“利维坦”，将给公共政策带来破坏性的影响。改革开放以来，随着地方政府独立性意识的不断增强，地方官员的自利性越来越凸显，经济理性也被放大到了极致，所以，地方官员完全可以利用手中掌握的财政资源为自己的个人利益服务。在一个自由裁量权失控的财政体制下，每个官员追求他自己的最佳利益，毁灭的是所有公民共享公共服务的机会。“公地悲剧”的出现必然会导致财政支出结构偏向的固化，因为地方官员没有扭转现状的内在动力。在激烈的晋升锦标赛的强大压力下，每一个官员都不敢试图对财政支出结构轻易作出调整，即使他们可能已经觉察到财政支出效率不高或者出现了不同程度的偏向。所以，在囚徒困境的博弈环境下，地方官员可能增进公共利益的各种行动必然破产。另外，各种特殊利益集团会想方设法俘获地方官员与之形成坚固的利益同盟，这种合谋使财政支出结构的偏向变成一种常态。

五　基于新政治经济学的研究视角，我们发现：财政支出结构偏向是由政府治理质量内生决定的

政府的良政对于改善公共财政质量至关重要，有必要深入研究政府治理是如何影响公共资源配置的。Dethier（1999）发现，在没有制度约束和监督机制的情况下，政治家会利用不受约束的权力擅自挪用公共资源用于私人目的，这就是公共选择学派所研究的“寻租现象”。通过分析这种现象，我们可以得到一个理论假设：掌握权力的政治精英在执政过程会积极参与各种寻租活动，他们为了寻求和保护未来租金，不惜牺牲公众利益而对公共资源进行无效配置。为了简单起见，我们假定存在两种类型的财政支出，一种是有益于改善官员自身福利和寻租(g_1)，另一种则有利于改善民生和社会福利(g_2)，其中，$g_1=\varphi g$，$g_2=(1-\varphi)g$，根据大量的理论与实证文献发现，政府治理质量与公共支出结构可能存在着某种内在的联系，即$\varphi=\varphi(\psi)$，也就是说，财政支出比重是政府治理质量的函数，财政支出结构并不是外生变量，而是由政府治理质量内生决定的。所以，我们重点研究$\varphi_\psi=\dfrac{\partial\varphi}{\partial\psi}$的符号，它表示政府治理质量对公共支出结构的影响，结果表明政府治理质量与g_1呈负相关，与g_2呈正相关。

六　有效制度的重构是优化地方财政支出结构的关键和基础

不管是基于新古典经济学还是新政治经济学的视角，最根本的还是有效制度的缺失。因此，要想进一步优化地方财政支出结构，有效制度的构建和激励约束相容的机制设计是地方公共支出优化治理的关键和基础。首先，从制度构建出发，促进地方政府间财政竞争的有效实施。财政竞争的低效根源于现实的制度缺失。所以，如果能够进一步改革户籍制度，完善中央专项转移支付，那么有效的财政竞争就能使财政支出结构效率得到改进。其次，从制度改良出发，改善地方政府的治理质量。我国已经由生存型社会向发展型社会转变，为此，需要政府转变治理模式，快速实现向公共服务型政府的转型，建立以公民为中心的地方治理，同时中央也必须通过改进与完善晋升锦标赛机制才能真正实现地方官员的自利行为。最后，从制度强化出发，健全地方公共支出的监管机制。由于公共支出过程中经常出现信息不完全和信息不对称，由此造成委托—代理关系的存在。为了防止代理人的逆向选择与道德风险，有效的财政监督机制和增加信息披露的财政透明制度是实现财政公开、建立公共财政的有效途径。

第二节　政策建议

一　以民生改善为导向，进一步优化财政支出结构

经过 30 多年的改革开放，我国财政已经完成从“生产财政”向“公共财政”的转变，而近些年，随着公共财政建设的不断完善，民生问题被提到完善公共财政建设的突出位置。所谓民生财政，就是在财政支出中，用于公共基础设施、教育、医疗卫生、社会保障和就业、环保和公共安全等与民生密切相关的财政支出占有主导地位。民生财政是公共财政的延续和深化，围绕民生问题，如何调整财政支出结构，就是今后一个时期财政支出结构优化的总体要求。所以，我国财政支出结构调整和优化的基本思路是：财政支出要体现效率性、公共性和平等性，即在增加基础设施建设等公共项目支出的同时，增加对文教科卫、社会保障、保障性住房、环境保护及增加人们收入方面的开支，压缩不合理的行政管理费开支。因此，在未来相当长时期内，财政支出结构优化的方向应该有利于践行民生财政的理念，从而不断推进基本公共服务均等化。

二　增强“用脚投票”机制，促进财政竞争的有效实施

为了更好地地方政府行为进行约束，激励地方政府提高公共服务，满足居民福利偏好的合意性，我国应该逐步推进户籍制度改革，使公民真正实现“用脚投票”。当然，我们说，改变当前的户籍制度，并不是要取消

户籍管理，关键是剥离以户籍制度为基础的社会保障制度和福利分配制度，使户口不再成为分配公共资源的基础，真正实现迁移居民与辖区原有居民在就业市场准入、教育资源配置、社会保障与住房福利可及性方面享有同等的权利。根据经济学基本原理，要素的充分流动是良性竞争的前提。如果中央政府对户籍制度进行彻底的变革，那么地方政府间财政竞争将同时考量资本和劳动力的双重流动，把资本和劳动力放在同等重要的位置。最终，随着人们对公共服务的需求逐渐凸显，为了吸引和留住宝贵的人力资源，地方政府间的财政竞争不再表现为"招商引资"，而是"招兵买马"。所以，增强"用脚投票"机制是实现地方政府良性竞争的关键点。

三　完善晋升考核制度，约束地方官员自利行为

作为我国地方政府官员的晋升激励机制，"晋升锦标赛制度"激发了地方政府官员的积极性，但是由于其本身原理上的局限性和实践中制度设计的不合理，对我国地方政府治理及其公共服务的供给带来了许多负效应，所以必须通过改进与完善晋升锦标赛机制才能真正约束地方官员自利行为。一方面，改变考核地方官员的指标体系是目前的一种改革思路，由一种比较单一的增长指标变成更具综合性的指标体系，比如说，纳入环境保护、公共服务和经济发展等多指标考核体系。一旦中央对地方政府官员引入多指标考核，可以尽量减少地方官员的激励偏离，从而改变他们GDP至上的执政理念。另一方面，以民众满意度为地方官员绩效考核的价值导向，也就是让政府公共服务的对象——公众对政府施政的满意度进入官员的考核过程。如果将当地公众的满意度作为主要考核指标，把官员的政绩交给他所服务的对象来评价，地方政府官员就没有必要为了给上级看而实施一些有损辖区居民利益的公共政策。

四　构建以公民为中心的地方治理，真正转变成公共服务型政府

以公民为中心的地方治理首先是一种回应性治理。它要求地方政府做正确的事，即提供与公民偏好一致的公共服务。地方政府作为公民的代理人，必须把辖区居民看作顾客，所有的财政活动都是为他们增进福利。当然，以公民为中心的地方治理也是一种负责任的治理。地方政府应该以正确的方式行事，即谨慎地管理当地财政资源，最终致力于改善公共服务的质量，增加公共服务的数量和扩大获得公共服务的机会。所以，从某种程度上说，以公民为中心的地方治理还是一种问责性治理。地方政府应该对

选民负责，必须遵守一定的规则以确保忠诚地服务于公共利益。根据新公共管理的研究视角，以公民为中心的地方治理在本质上就是要求地方政府转变成为公共服务型政府。我国正处于社会转型时期，开始由生存型社会向发展型社会转变，相应的，公民对公共服务的需求也呈现出不断增长的趋势，所以，政府必须充分重视人的全面发展，密切关注和满足社会成员的各种基本公共需求，为此，就需要政府转变治理模式，重新认识政府机构的时代特性，快速实现向公共服务型政府的转型。

五　提高财政透明度，加强地方公共支出监督

提高财政透明度不仅有利于地区宏观经济的稳定发展和经济增长质量的提高，而且能够增强市场可信度、吸引国际资本的流入并促进金融市场的良好运作。根据中国省级财政透明度指数（2009）的报告结果，地方政府的财政透明度普遍较低。① 所以，提高财政透明度是实现公共财政的当务之急。首先，预算透明更是财政透明度的关键。没有完善的预算管理体系，财政透明度只能是一句空话。因此，要加快完善中国预算管理体系的步伐，为财政透明度改革打下坚实基础。其次，建立财政基本信息披露制度。财政基本信息披露制度是公民了解财政预算等一般信息的重要渠道。各地地方政府应当定期公布预算内容，公布预算指导原则、财政政策目标、采用的财政规则和新政策，以利于公众能够及时了解财政预算信息。最后，完善财政监督机制，因为财政监督本身也是提高财政透明度的重要途径。只有从制度上建立一种公开、透明、规范、高效的财政监督运行机制，才能发挥对预算资源全过程的预警、监测、分析、矫正功能，从而提高财政支出效率。

① 上海财经大学公共政策研究中心：《2009 年中国财政发展报告：省级财政信息公开状况评估》，上海财经大学出版社 2005 年版。

参考文献

［1］安瓦·沙：《发展中国家的地方治理》，清华大学出版社 2011 年版。

［2］安东尼·唐斯：《官僚制内幕》，中国人民大学出版社 2006 年版。

［3］钞小静、任保平：《中国公共支出结构对经济增长影响的实证分析：1978—2004》，《经济评论》2007 年第 5 期。

［4］陈龙：《财政伦理道德基础和价值取向》，《经济研究参考》2010 年第 53 期。

［5］程开明：《从城市偏向到城乡统筹发展——城市偏向政策影响城乡收入差距的 Panel Date 证据》，《经济学家》2008 年第 3 期。

［6］戴维·奥斯本、特德·盖布勒：《改革政府——企业精神如何改革着公营部门》，上海译文出版社 1996 年版。

［7］迪克西特：《经济政策的制定：交易成本政治学的视角》，刘元春译，中国人民大学出版社 2003 年版。

［8］丁菊红、邓可斌：《政府偏好、公共品供给与转型中的财政分权》，《经济研究》2008 年第 7 期。

［9］樊纲、张曙光：《公有制宏观经济理论大纲》，三联书店上海分店 1990 年版。

［10］范子英：《央地关系与区域经济格局：财政转移支付的视角》，博士学位论文，复旦大学图书馆，2007 年。

［11］方红生、张军：《中国地方政府扩张偏向的财政行为：观察与解释》，《经济学（季刊）》2009 年第 3 期。

［12］付文林：《人口流动的结构性障碍：基于公共支出竞争的经验分析》，《世界经济》2007 年第 12 期。

［13］傅勇：《中国式分权、地方财政模式与公共物品供给：理论与实证研究》，博士学位论文，复旦大学中国经济研究中心，2007 年。

［14］傅勇、张晏：《中国式分权与财政支出结构偏向：为增长而竞争的

代价》，《管理世界》2007 年第 3 期。

[15] 傅勇：《中国的分权为何不同：一个考虑政治激励与财政激励的分析框架》，《世界经济》2008 年第 11 期。

[16] 龚锋、卢洪友：《公共支出结构、偏好匹配与财政分权》，《管理世界》2009 年第 1 期。

[17] 郭庆旺、贾俊雪：《地方政府间策略互动行为、财政支出竞争与地区经济增长》，《管理世界》2009 年第 10 期。

[18] 郭庆旺、吕冰洋、张德勇：《财政支出结构与经济增长》，《经济理论与经济管理》2003 年第 11 期。

[19] 何振一、阎坤：《中国财政支出结构改革》，社会科学文献出版社 2000 年版。

[20] 贺军：《官员晋升锦标赛的外部效应与基本公共服务发展的失衡》，《湖湘论坛》2011 年第 5 期。

[21] 胡书东：《中国财政支出和民间消费需求之间的关系》，《中国社会科学》2002 年第 6 期。

[22] 江明融：《公共服务均等化：问题与对策》，《中南财经政法大学学报》2006 年第 3 期。

[23] 姜洋、邓翔：《替代还是互补？——中国政府消费与居民消费关系实证分析》，《财贸研究》2009 年第 3 期。

[24] 蒋洪：《公共财政决策与监督制度研究》，中国财政经济出版社 2008 年版。

[25] 井敏：《构建服务型政府：理论与实践》，北京大学出版社 2006 年版。

[26] 拉丰、马赫蒂摩：《激励理论》第一卷，中国人民大学出版社 2002 年版。

[27] 李涛、周业安：《财政分权视角下的支出竞争和中国经济增长：基于中国省级面板数据的经验研究》，《世界经济》2008 年第 11 期。

[28] 李婉：《财政分权与地方政府支出结构偏向：基于中国省级面板数据的研究》，《上海财经大学学报》2007 年第 5 期。

[29] 李永友、沈坤荣：《辖区间竞争、策略性财政政策与 FDI 增长绩效的区域特征》，《经济研究》2008 年第 5 期。

[30] 李永友：《需求结构失衡的财政因素：一个分析框架》，《财贸经

济》2010年第11期。

[31] 李永友:《公共服务型政府建设与财政支出结构效率》,《经济社会体制比较》2011年第1期。

[32] 廖楚晖:《地方政府公共支出结构与经济增长——基于中国省级面板数据的实证分析》,《财贸经济》2006年第11期。

[33] 刘剑雄:《财政分权、政府竞争与政府治理》,人民出版社2009年版。

[34] 刘熙瑞:《服务型政府——经济全球化背景下政府改革的目标选择》,《中国行政管理》2002年第7期。

[35] 陆铭、陈钊:《城市化、城市倾向的经济政策与城乡收入差距》,《经济研究》2004年第6期。

[36] 吕炜:《经济转轨大纲》,商务印书馆2006年版。

[37] 吕炜、王伟同:《发展失衡、公共服务与政府责任——基于政府偏好与政府效率视角的分析》,《中国社会科学》2008年第4期。

[38] 吕炜、王伟同:《政府服务性支出缘何不足?——基于服务性支出体制性障碍的研究》,《经济社会体制比较》2010年第1期。

[39] 吕炜:《1998年以来财政体制与政策的宏观评价》,《财贸经济》2003年第3期。

[40] 吕炜:《基于中国经济转轨实践的分析方法研究》,《经济研究》2005年第2期。

[41] 吕炜:《体制性约束、经济失衡与财政政策——解析1998年以来的中国转轨经济》,《中国社会科学》2004年第2期。

[42] 吕炜:《转轨过程的最终费用结算与绩效评价》,《中国社会科学》2005年第1期。

[43] 罗伯特·B. 登哈特:《公共组织理论》,中国人民大学出版社2003年版。

[44] 罗尔斯:《正义论》,中国社会科学出版社1988年版。

[45] 马光荣、杨恩艳:《中国式分权、城市倾向的经济政策与城乡收入差距》,《制度经济学研究》2010年第1期。

[46] 祁京梅:《我国消费需求趋势研究及实证分析探索》,中国经济出版社2008年版。

[47] 乔宝云、范剑勇、冯兴元:《中国的财政分权与小学义务教育》,

《中国社会科学》2005年第6期。

[48] 上海财经大学公共政策研究中心：《2009年中国财政发展报告：省级财政信息公开状况评估》，上海财经大学出版社2005年版。

[49] 舒成：《中国地方财政分权下的地方公共品供给：理论与实证》，江西财经大学，2010年。

[50] 唐俊：《我国地方政府官员晋升激励制度的困境和路径选择》，《新疆社科论坛》2010年第3期。

[51] 汪洋：《公共政府的内涵解读》，硕士学位论文，南京农业大学，2008年。

[52] 王丽娟：《人口流动与财政竞争——基于财政分区和户口政策的比较视角》，《中央财经大学学报》2010年第3期。

[53] 王美今、林建浩：《中国地方政府财政竞争行为特性识别："兄弟竞争"与"父子争议"是否并存?》，《管理世界》2010年第3期。

[54] 王晟：《财政监督理论探索与制度设计研究》，经济管理出版社2009年版。

[55] 王婷、汪广龙：《公共理性的达成和有效政府的建构》，《中山大学研究生学刊》（社会科学版）2010年第3期。

[56] 王新军：《财政分权、地方公共支出结构与区域经济增长——基于1979—2006年省际面板数据的分析》，《山东大学学报》（社会科学版）2006年第5期。

[57] 王永钦、张晏、章元、陈钊、陆铭：《中国的大国发展道路——论分权式改革的得失》，《经济研究》2007年第1期。

[58] 王峥、秦林军：《新财政联邦主义理论评述》，《昆明理工大学学报》（社会科学版）2009年第8期。

[59] 夏纪军：《人口流动性、公共收入与支出——户籍制度变迁动因分析》，《经济研究》2004年第10期。

[60] 徐斌：《中国市场化条件下的分权改革——一个新政治经济学框架》，《中南财经政法大学学报》2007年第1期。

[61] 徐曙娜：《公共支出过程中的信息不对称》，中国财政经济出版社2005年版。

[62] 徐曙娜：《公共支出过程中机会主义的控制方法》，《复旦公共行政评论》，上海人民出版社2006年版。

[63] 徐现祥、王贤彬：《任命制下的官员经济增长行为》，《经济学季刊》2010 年第 7 期。

[64] 杨莉：《试论我国地方政府治理模式改革——由经济建设型政府向公共服务型政府转变》，硕士学位论文，南昌大学，2010 年。

[65] 杨其静、聂辉华：《保护市场的联邦主义及其批判：基于文献的一个思考》，《经济研究》2008 年第 3 期。

[66] 杨子晖：《政府消费与居民消费：期内替代与跨期替代》，《世界经济》2006 年第 8 期。

[67] 尹恒、朱虹：《县级财政生产性支出偏向研究》，《中国社会科学》2011 年第 1 期。

[68] 俞可平：《治理与善治》，社会科学文献出版社 2000 年版。

[69] 袁曙、许莉：《财政联邦主义理论的演进轨迹》，《商业时代》2011 年第 36 期。

[70] 苑德宇、张静静、韩俊霞：《居民消费、财政支出与区域效应差异——基于动态面板数据模型的经验分析》，《统计研究》2010 年第 2 期。

[71] 曾国安、胡晶晶：《论中国城市偏向的社会保障制度与城乡居民收入差距》，《湖北经济学院学报》2008 年第 1 期。

[72] 曾娟红、赵福军：《促进我国经济增长的最优财政支出结构研究》，《中南财经政法大学学报》2005 年第 4 期。

[73] 曾军平：《自由意志下的集团选择：集体利益及其实现的经济理论》，上海格致出版社 2009 年版。

[74] 张恒龙、陈宪：《财政竞争对地方公共支出结构的影响——以中国的招商引资竞争为例》，《经济社会体制比较》2006 年第 6 期。

[75] 张恒龙：《转型期中国政府间财政关系研究——一个竞争与均等化视角的分析框架》，上海社会科学院出版社 2006 年版。

[76] 张军：《分权与增长：中国的故事》，《经济学（季刊）》2007 年第 10 期。

[77] 张万宽：《地方政府绩效考核研究——多任务委托—代理视角》，《东岳论坛》2010 年第 5 期。

[78] 张馨：《公共财政大纲》，经济科学出版社 1995 年版。

[79] 张晏、夏纪军：《自上而下的标尺竞争与中国省级政府公共支出溢

出效应差异》,《浙江社会科学》2010 年第 12 期。

[80] 赵大全:《公共财政的公共性与透明度问题研究》,博士学位论文,财政部财政科学研究所,2011 年。

[81] 珍妮特 · V. 登哈特、罗伯特 · B. 登哈特:《新公共服务——服务,而不是掌舵》,中国人民大学出版社 2004 年版。

[82] 郑尚植:《财政竞争与地方政府的公共支出结构:基于国内外文献的一个思考》,《云南财经大学学报》2001 年第 6 期。

[83] 朱红琼:《地方政府财政支出结构偏向研究》,《商业时代》2008 年第 22 期。

[84] 邹薇:《腐败的经济学分析及其治理》,《学习与实践》2006 年第 10 期。

[85] Alesina, A. and E. Spolare, 1997, "On the Number and Size of Nations". *Quarterly Journal of Economics*, 112, 1027 – 56.

[86] Amano, Robert A. and Wirjanto, Tony S., Letratemperal Substitution and Government Spending [J]. *The Review of Economics and Statistics*, 1997, 79 (4), pp. 605 – 609.

[87] Arrow, K., 1970, "The Organization of Economic Activity: Issues Pertinent to the Choice of Market Versus Non – Market Allocation". In Joint Economic Committee, *The Analysis and Evaluation of Public Expenditures: The PPB System*, Vol. I. Washington D. C.: U. S. GPO.

[88] Aschauer, D. A., Fiscal Policy and Aggregate Demand [J]. *American Economic Review* 1985, 75, pp. 117 – 127.

[89] Atkinson, A. B. and N. H. Stern, 1974, Pigou, taxation and public goods. *Review of Economic Studies* 41 (1), 119 – 128.

[90] Bailey, M. J., 1971, National income and price level. New York: McGraw – Hill.

[91] Bailey, Stephen, 1999, *Local Government Economic: Theory, Policy, and Practice. Basingstoke*, U. K.: Macmillan.

[92] Barro, R. J., 1981, Output effects of government purchase. *Journal of Political Economy*, 84, 343 – 350.

[93] Besley, T. and A. Case, 1995, "Incumbent Behavior: Vote – Seeking, Tax – Setting, and Yardstick Competition". *American Economic Review*

85, 25 – 45.

[94] Besley, T. and S. Coate, 2003, "Centralized Versus Decentralized Provision of Local Public Goods: A Political Economy Approach". *Journal of Public Economics*, 87, 2611 – 2637.

[95] Blanchard, O. and A. Shleifer, 2000, "Federalism with and without Political Centralization: China versus Russia". unpublished paper.

[96] Blanchard, O. and A. Shleifer, 2001, Federalism with and without Political Centralization: China versus Russia!, IMF Staff Papers, 48, 171 – 179.

[97] Boadway, R., 1977, "Public Economics and the Theory of Public Policy". *Canadian Journal of Economics*, 30, 753 – 772.

[98] Boadway, R. and F. R. Flatters, 1982, *Equalization in a Federal State: An Economic Analysis*. Ottawa: Economic Council of Canada.

[99] Bolton, P. and G. Roland, 1997, "The Breakup of Nations: A Political Economy Analysis". *Quarterly Journal of Economics* 112, 1057 – 1090.

[100] Bolton, P., G. Roland and E. Spolare, 1996, "Economic Theories of the Break – Up and Integration of Nations". *European Economic Review* 40, 697 – 705.

[101] Borck, R., 2003, Tax competition and the choice of tax structure in a majority voting model. *Journal of Urban Economics* 54, 173 – 180.

[102] Bordignon, M., F. Cerniglia and F. Revelli, 2002, "In Search for Yardstick Competition: Property Tax Rates and Electoral Behavior in Italian Cities". Munich: Cesifo Working Paper No. 644 (1).

[103] Bordignon, M., P. Manasse and G. Tabellini, 2001, "Optimal Regional Redistribution Under Asymmetric Information". *American Economic Review* 91, 709 – 723.

[104] Brennan, G. and J. M. Buchanan, 1980, *The Power to Tax: Analytical Foundations of a Fiscal Constitution*. Cambridge: Cambridge University Press.

[105] Breton, Albert, 1995, *Competitive Government*. Cambridge, U. K.: Cambridge University Press.

[106] Brueckner, J. K., 2000, Welfare reform and the race to the bottom: Theory and evidence. *Southern Economic Journal* 66 (3), 505 – 525.

[107] Brueckner, J. K. , 2004, "Fiscal Decentralization with Distortionary Taxation: Tiebout vs. Tax Competition". *International Tax and Public Finance* 11, 133 -153.

[108] Buchanan, J. M. and G. Tullock, 1962, *The Calculus of Consent.* Ann Arbor, MI: The University of Michigan Press.

[109] Buchanan, J. M. and R. L. Faith, 1987, "Secession and the Limits of Taxation: Toward a Theory of Internal Exit". *American Economic Review* 77, 1023 -1031.

[110] Bucovetsky, S. , 1997, "Insurance and Incentive Effects of Transfers Among Regions: Equity and Efficiency". *International Tax and Public Finance* 4, 463 -483.

[111] Bucovetsky, S. , M. Marchand and P. Pestieau, 1998, "Tax Competition and Revelation of Preferences for Public Expenditure" . *Journal of Urban Economics* 44, 367 -390.

[112] Cal, H. B. , Treisman, D. , Did Government Decentralization Cause China's Economic Miracle? [J]. *World Politics*, 2005, 58(4): 505 -535.

[113] Cremer, J. , A. Estache and P. Seabright, 1996, "Decentralizing Public Services: What Can We Learn from the Theory of The Firm?" *Revue d' Economie Politique* 106, 37 -60.

[114] De Figueiredo, R. and B. Weingast, 2002, "Self - Enforcing Federalism," unpublished paper, Stanford University.

[115] Dethier, Jean - Jacques, 1999, Governance and Economic Performance: A Survey. Discussion Papers on Development Policy. ZEF Discussion Papers on Development Policy, No. 5, Bonn. Transparency International, 2006 Corruption Perceptions Index 2005 [EB] . Available from http: //www. transparency. org/policy_ and_ research/surveys_ indices/cpi/2005.

[116] Devarajan, S. , V. Swaroop and H. F. Zou, 1996, "The Composition of Public Expenditure and Economic Growth" . *Journal of Monetary Economics*, Vol. 37, pp. 313 -344.

[117] Dougherty, K. , 2001, Collective Action Under the Articles of Confederation. Cambridge: Cambridge University Press. *European Economic*

Review36, 654 – 660.

[118] Fiscal Order, Fischel, W. , 2001, *The Homevoter Hypothesis.* Cambridge, MA: Harvard University Press.

[119] Flatters, F. , V. Henderson and P. Mieszkowski, 1974, "Public Goods, Efficiency, and Regional Fiscal Equalization" . *Journal of Public Economics* 3, 99 – 112.

[120] Folster, Stefan and Magnus Henrekson, 2001, "Growth Effects of Government Expenditure and Taxation in Rich Countries" . *European Economic Review*, 45 (8): 1501 – 1520.

[121] Franco, D. , F. Balassone and M. Francese, 2003, "Fiscal Policy in Europe: The Role of Fiscal Rules". *National Tax Association Proceedings, Ninety – Fifth Annual Conference*, 2002, Washington D. C. : National Tax Association, 7 – 17.

[122] Frey, B. S. and R. Eichenberger, 1999, *The New Democratic Federalism for Europe: Functional, Overlapping, and Competing Jurisdictions.* Cheltenham, U. K. : Edward Elgar.

[123] Garcia – Mila, T. and T. J. McGuire, 2002, Tax incentives and the city. Brookings – Wharton Papers on Urban Affairs, 95 – 114.

[124] Garzarelli, G. , 2004, "The Theory of Fiscal Federalism as a Theory of Economic Organization: Assessment and Prospectus". unpublished paper.

[125] Garzarelli, G. and Y. R. Liman, 2003, "Knowledge, Coordination, and Fiscal Federalism: An Organizational Perspective". unpublished paper.

[126] Goodspeed, T. J. , 2002, "Bailouts in a Federation". *International Tax and Public Finance* 9, 409 – 421.

[127] Gopakumar, K. , 1997, "public feedback as an aid to public accountability: Reflections on an alternate approch". Public Administration Development 17: 281 – 282.

[128] Gordon, R. , 1983, "An Optimal Tax Approach to Fiscal Federalism" . *Quarterly Journal of Economics* 97, 567 – 586.

[129] Griliches, Z. , 1969, Capital – skill complementarity. *Review of Eco-*

nomics and Statistics.

[130] Grubeb, Jonathan, 2005, *Public Finance and Public Policy.* New York: Worth Publishers.

[131] Hansen, A. and H. Perloff, 1944, *State and Local Finance in the National Economy.* New York: Norton.

[132] Hicks, U. K., 1978, *Federalism: Failure and Success, A Comparative Study.* London: MacMillan.

[133] Hirschman, Albert O., 1970, *Exit, Voice, Loyalty: Responses to Decline in Firms, Organization and States.* Cambridge, MA: Harvard University Press.

[134] Holmstrom, B., 1982, Moral Hazard in Teams. *Bell Journal of Economics*, 13 (2): 324 –340.

[135] Huber, B., 1999, Tax competition and tax coordination in an optimum income tax model. *Journal of Public Economics* 71 (3): 441 –458.

[136] Hunt, J., 2000, Why do people still live in East Germany? NBER Working Paper 7564: 287 –299.

[137] Inman, R. P., 2003, "Transfers and Bailouts: Enforcing Local Fiscal Discipline with Lessons from U. S. Federalism".

[138] Inman, R. P. and D. L. Rubinfeld, 1992, "Fiscal Federalism in Europe: Lessons from the United States Experience".

[139] Inman, R. P. and D. L. Rubinfeld, 1996, "Designing Tax Policy in Federalist Economies: An Overview". *Journal of Public Economics* 60, 307 –334.

[140] Inman, R. P. and D. L. Rubinfeld, 1997, "Rethinking Federalism". *Journal of Economic Perspectives* 11, 43 –64.

[141] Inman, R. P. and D. L. Rubinfeld, 1997b, "Making Sense of the Antitrust State – Action Doctrine: Balancing.

[142] Isham, Jonathan, Daniel Kaufmann, and H. Lant Pritchett, 1997, Civil Liberties, Democracy, and the Performance of Government Projects. *The World Bank Economic Review* 11, No. 2: 219 –242.

[143] Janeba, E. and J. D. Wilson, 2003, "Optimal Fiscal Federalism in the Presence of Tax Competition". unFpublished paper.

[144] Karras, G. , Government Spending and Private Consumption: Some International Evidence. *Journal of Money, Credit and Banking*, 1994, 26 (1): 9 -22.

[145] Kaufmann, D. and S. Wei, 1999, "Does Grease Money Speed UP the Wheels of Commeree?, IMF Working Paper No. 00/64.

[146] Keefer, Phillip, 2004, A Review of the Political Economy of Governance: From Property Rights to voice. World Bank Policy Research Working Paper No. 3315, World Bank, Washington D. C. .

[147] Keen, M. and M. Marchand, 1997, Fiscal competition and the pattern of public spending. *Journal of Public Economics* 66, 33 -53.

[148] Kornai, J. , 1979, "Resource - Constrained Versus Demand - Constrained Systems". *Econometrica* 47, 801 -819.

[149] Kornai, J. , E. Maskin and G. Roland, 2003, "Understanding the Soft Budget Constraint". *Journal of Economic Literature* 41, 1095 -1136.

[150] Levaggi, R. , 2002, "Decentralized Budgeting Procedures for Public Expenditure". *Public Finance Review* 30, 273 -95.

[151] Li, H. and L. Zhou, "Political Turnover and Economic Performance: The Incentive Role of Personnel Control in China" . *Journal of Public Economics*, 2005, 89 (9 -10), 1743 -1762.

[152] Lockwood, B. , 1999, "Inter - Regional Insurance". *Journal of Public Economics*72, 1 -37.

[153] Lockwood, B. , 2002, "Distributive Politics and the Costs of Centralization". *Review of Economic Studies* 69, 313 -337.

[154] Madison, A. , 1961, The Federalist Papers: A Collection of Essays in Support of the Constitution of the United States. News York: Doubleday.

[155] Maskin, E. , Y. Qian and C. Xu, 1997, Incentives, Scale Economies, and Organizational Form - (Now published in Economics of Transition (2201)), STICERD - Theoretical Economics Paper Series 331, Suntory and Toyota International Centres for Economics and Related Disciplines, LSE.

[156] Matsumoto, M. , 2000, A note on the composition of public expendi-

ture under capital tax competition. International Tax and Public Finance 7: 691 -697.

[157] Mauro, P. and A. Spilimbergo, 1999, How do the skilled and the unskilled respond to regional shocks? The case of Spain. IMF Staff Papers 46 (1): 1 -17.

[158] Mauro, Paulo, 1998, Corruption and the Composition of Government Expenditures. *Journal of Public Economics* 68: 263 -379.

[159] McKinnon, Ronald I. , 1997, "Market - Preserving Federalism in the American Monetary Union", In M. Blejer and T. Ter - Minassian (eds.), *Macroeconomic Dimensions of Public Finance: Essays in Honor of Vito Tanzi.* London: Routledge, pp. 73 -93.

[160] McLure, Jr. , C. E. , 1967, "The Interstate Exporting of State and Local Taxes: Estimates for 1962". *National Tax Journal* 20: 49 -77.

[161] McLure, Jr. , C. E. (ed.), 1983, *Tax Assignment in Federal Countries.* Canberra: Australian National University.

[162] Moore, Mark, 1996, *Creating Public Value.* MA: Harvard University Press.

[163] Musgrave, R. A. , 1959, *The Theory of Public Finance.* New York: McGraw - Hill.

[164] Musgrave, R. A. , 1983, "Who Should Tax Where and What?" In C. McLure (ed.), *Tax Assignment in Federal Countries.* Canberra: Australian National University, 2 -19.

[165] Musgrave, R. A. and P. B. Musgrave, *Public Finance in Theory and Practice.* New York: McGraw - Hill Book Company, 1973.

[166] Neenan, W. B. , 1970, Suburban - central city exploitation thesis: One city's tale. *National Tax Journal* 23、117 -139.

[167] Niskanen, W. A. , Bureaucracy and Representative Government. Chicago: Aldine Atherton, 1971.

[168] Oates, W. E. , 1972, Fiscal Federalism. New York: Harcourt Brace Jovanovich.

[169] Oates, W. E. , 1985, "Searching for Leviathan: An Empirical Study". *American Economic Review* 75: 748 -757.

[170] Oates, W. E., 1996, "Taxation in a Federal System: The Tax Assignment Problem". *Public Economics Review*, 35 – 60.

[171] Oates, W. E., 2002, "Fiscal and Regulatory Competition: Theory and Evidence". *Perspektiven der Wirtschaftspolitik* 3: 377 – 390.

[172] Oates, W. E., and R. M. Schwab, 1988, "Economic Competition Among Jurisdictions: Efficiency – Enhancing or Distortion – Inducing? *Journal of Public Economics* 35: 333 – 354.

[173] Oates, Wallace, 1972, *Fiscal Federalism*. New York: Harcourt Brace Jovanovich.

[174] Oates, W. E. and R. M. Schwab, 1991, "The Allocative and Distributive Implications of Local Government Competition".

[175] Oates, Wallace E., 1989, "Searching for Leviathan: A Reply and Some Further Reflections". *American Economic Review* 79: 578 – 583.

[176] Olson, Jr., M., 1969, "The Principle of 'Fiscal Equivalence': The Division of Responsibilities among Different Levels of Government". *American Economic Review* 59: 479 – 487.

[177] Padovano, F., 2004, "The Allocative Efficiency and Political Consequences of Centralized vs. Decentralized Income Redistribution Policies". unpublished paper.

[178] Perrson, T. and G. Tabellini, 1996b, "Federal Fiscal Constitutions: Risk Sharing and Redistribution". *Journal of Political Economy* 104: 979 – 1009.

[179] Perrson, T. and G. Tabellini, 1996, "Federal Fiscal Constitutions: Risk Sharing and Moral Hazard". *Econometrica* 64: 623 – 646.

[180] Picciotto, R. and E. Wiesner, 1998, *Evaluation and Development: The Institutional Dimension*. Washington D. C.: World Bank.

[181] Political Participation and Economic Efficiency in Regulatory Federalism". *Texas Law Review* 75: 1203 – 1299.

[182] Prud' homme, R., 1995, "The Dangers of Decentralization", *World Bank Research Observer* 10: 201 – 20.

[183] Qian, Y. and B. R. Weingast, 1997, "Federalism as a Commitment to Preserving Market Incentives". *Journal of Economic Perspectives* 11:

83 -92.

[184] Qian, Y. and G. Roland, 1998, "Federalism and the Soft Budget Constraint". *American Economic Review* 88: 1143 -1162.

[185] Qian, Yingyi, and Barry R. Weingast, 1997, "Federalism as a Commitment to Preserving Market Incentives". *Journal of Economic Perspectives* (Fall) 11: 83 -92.

[186] Raff, H. and J. D. Wilson, 1997, "Income Redistribution with Well - Informed Local Governments". *International Tax and Public Finance* 4: 407 -427.

[187] Ram, R., Government Size and Economic Growth: A New Framework and Some Evidence from Cross - Section and Time Series Data. *American Economic Review*, 1986: 92 -103.

[188] Rattso, J., 2003, "Fiscal Federation or Confederation in the European Union: The Challenge of the Common Pool Problem". Working Paper (March).

[189] Reifschneider, A. P. (forthcoming), *Competition in the Provision of Local Public Goods: Single Function Jurisdictions and Individual Choice.* Aldershot, U. K.: Edward Elgar.

[190] Rhode, P. W. and K. S. Strumpf, 2003, "Assessing the Importance of Tiebout Sorting: Local Heterogeneity from 1850 to 1990". *American Economic Review* 93: 1648 -1677.

[191] Riccardo Fiorito, Tryphon Kollintzas, Pulic Goods, Merit goods, and the relation between private and government consumtion [J]. *European Review*, 2004 (48): 1367 -1398.

[192] Riker, W. H., 1964, *Federalism: Origin, Operation, Significance.* Boston: Little, Brown, and Company.

[193] Rodden, J., 2003, "Reviving Leviathan: Fiscal Federalism and the Growth of Government". *International Organization* 57: 695 -729.

[194] Rodden, J., G. S. Eskeland and J. Litvack (eds.), 2003, *Fiscal Decentralization and the Challenge of Hard Budget Constraints.* Cambridge, MA: MIT Press.

[195] Ruben, Enikolopov and Ekaterina V. Zhuravskaya, Decentralization

and Political institutions. Centre for Economie Policy Research (CEPR) Working Paper, 2004.

[196] Samuel, Paul, 1992, "accountability in public services: Exit, voice and control". World Development 20: 1047 – 1060.

[197] Samuel Paul, 1996, "Strengthening Public Accoutability through participation". In Participation in practice, ed. World bank discussion paper 333, World Bank, Washington D. C..

[198] Samuelson, P. A., 1954, "The Pure Theory of Public Expenditure". *Review of Economics and Statistics* 36: 387 – 389.

[199] Samuelson, P. A., 1955, "Diagrammatic Exposition of a Theory of Public Expenditure". *Review of Economics and Statistics* 37: 350 – 356.

[200] Schick, A., 1998, "Why Most Developing Countries Should Not Try New Zealand's Reforms". *World Bank Research Observer* 13: 125 – 31.

[201] Schleifer, Andrei, 1985, A theory of yardstick competition. *The Rand Journal of Economics*16: 319 – 327.

[202] Seabright, P., 1996, "Accountability and Decentralization in Government: An Incomplete Contracts Model". *European Economic Review* 40: 61 – 89.

[203] Shleifer, Andrei and Robert Vishny, 1993, "Corruption". *Quarterly Journal of Economics* 108: 599 – 618.

[204] Sinn, H. – W., 1994, "How Much Europe? Subsidiarity, Centralization and Fiscal Competition". *Scottish Journal of Political Economy* 41: 85 – 107.

[205] Sinn, H. – W., 1997, "The Selection Principle and Market Failure in Systems Competition". *Journal of Public Economics* 66: 247 – 274.

[206] Sobel, R. S., 1999, "In Defense of the Articles of Confederation and the Contribution Mechanism as a Means of Government Finance: A General Comment on the Literature". *Public Choice* 99: 347 – 356.

[207] Sobel, R. S., 2002, "Defending the Articles of Confederation: A Reply to Dougherty". *Public Choice* 113.

[208] Tanzi, Vito and Hamid Davoodi, 1997, Corruption, Public Investment, and Growth: International Monetary Fund (IMF).

[209] Teather, Richard, 2005, "The Benefits of Tax Competition" . IEA Hobart Paper No. 153. Available at SSRN.

[210] Tiebout, Charles, 1956, A Pure Theory of Local Expenditures. *Journal of Political Economy* 64: 431 -455.

[211] Tommasi, M. , 2003, "Centralization vs. Decentralization: A Principal - Agent Analysis". unpublished paper.

[212] Tresh, R. W. , 2002, *Public Finance: A Normative Theory*, 2nd edition. New York: Academic Press.

[213] Tsung - wu Ho, The Government Spending and Private on Consumption: A Panel Integration Analysis [J]. *International Review of Economics and Finan.*

[214] Tsung - wu Ho. The Government Spending and Private on Consumption: A Panel Integration Analysis [J]. *International Review of Economics and Finance*, 2001, 10: 95 -108.

[215] Weingast, B. R. , 1995, "The Economic Role of Political Institutions: Market - Preserving Federalism and Economic Development". *Journal of Law and Economic Organization* 11: 1 -31.

[216] Wellisch, D. , 2000, *Theory of Public Finance in a Federal State.* Cambridge: Cambridge University Press.

[217] Wildasin, D. E. , 1989, Interjurisdictional capital mobility: Fiscal externality and a corrective subsidy. *Journal of Urban Economics* 25: 193 -212.

[218] Wildasin, D. E. , 1997, "Externalities and Bailouts: Hard and Soft Budget Constraints in Intergovernmental Fiscal.

[219] Wildasin, D. E. , 2004, "The Institutions of Federalism: Toward an Analytical Framework". *National Tax Journal.*

[220] Wilson, J. D. , 1986, A theory of interregional tax competition. *Journal of Urban Economics* 19: 296 -315.

[221] Wilson, J. D. , 1995, Mobile labor, multiple tax instruments, and tax competition. *Journal of Urban Economics* 38: 333 -356.

[222] Wilson, J. D. , 1996, "Capital Mobility and Environmental Standards: Is There a Theoretical Basis for a Race to the Bottom? In J. Bhag-

wati and R. Hudec (eds.), *Fair Trade and Harmonization: Prerequisites for Free Trade?*, Vol. I. Cambridge, MA: MIT Press, pp. 393 – 427.

[223] Wilson, J. D., 1999, "Theories of Tax Competition". *National Tax Journal* 52: 269 – 304.

[224] Wilson, J. D., Wildasin, D., "Capital Tax Competiton: Bane or Boon". *Journal of Public Economics*, nr. 88, 2004, pp. 1065 – 1091.

[225] Zodrow, G. R. and P. Mieszkowski, 1986, Pigou, Tiebout, property taxation and the under – provision of local public goods. *Journal of Urban Economics* 19: 356 – 370.

后　　记

记得2006年硕士研究生刚入学时，在图书馆看到吕炜老师的学术专著《我们离公共财政有多远》，那时就感觉导师研究的问题与现实很贴近，也就是看完吕老师这本专著之后才逐渐对公共财政感兴趣的。更加机缘巧合的是，2009年我很荣幸成为吕老师的博士研究生，那一刻，我非常兴奋，同时也非常害怕，因为吕老师出了名的治学严谨使我特别担心自己浅薄的学术基础无法写出令导师满意的论文。第一次与导师见面时，当我把自己的担忧告诉了他，老师很有耐心地告诉我做学问的基本方法和解决途径，并给我开出了一系列有助于我提高研究水平的经典书籍和学术论文，让我先别着急写文章，而是多关注一些中国经济改革的现实问题。也正是老师的问题导向使我把研究重点逐渐锁定在中国式财政分权上，而这一问题最直接的现实表现就是地方财政支出结构的偏向特征。一开始，我对于整个博士论文的写作有着非常大的宏观构架，但是后来随着论文的展开才发现有很多困难我无法解决，这种力不从心最主要源于我前期文献的积累不足。所以，“板凳要坐十年冷，文章不写一句空”是我博士学位论文写作过程中最真切的领悟和体验。很显然，博士学位论文的最终完成，包括从选题、大纲拟定到最终定稿，都倾注了导师的大量心血，也正是在恩师的悉心指导下，我才能顺利完成了论文的写作。所以，我要特别感谢我的导师吕炜教授，三年来，恩师渊博深厚的学识、宽阔高瞻的理论视野、认真严谨的治学态度、热情真诚的为人深深影响和教育了我，使我终身受益，他对我在学业和生活上的莫大关心和无私的帮助，感激之情难以言表。

在论文完成之际，我还要感谢许多领导和老师曾经给予了我很多的帮助、关心和爱护，指引我走完了这段难忘的学习旅程。首先，感谢我的硕士生导师姚恩全教授，是您的教诲指引我走上了学术之路，而且您对我在学习和生活上的帮助和关心让我终生难忘！其次，我要感谢马克思主义学院的陈勇院长、马丽波教授、朱成全教授、宫芳老师、方丽玲老师等，经济发展研究院的肖兴志老师、数量经济学院的王维国老师、经济学院的张凤林和段鹏飞老师，是他们对我的帮助和关心让我顺利地完成了学业！另外，特别感谢在博士学位论文写作期间为我提供无私帮助与支持的王伟同师兄和刘畅师姐，他们不辞辛苦，帮助我理清论文思路并提出很好的修改意见，使论文增色不少，你们对师弟的这份关爱我永远牢记在心！

最后，我要感谢父母这么多年为我所承担的劳累和艰辛，是你们的无私给予我今天的一切，在以后的人生道路上我只有不断努力才能报答你们对我的恩情！我还要感谢我的妻子郭昕，从相知、相恋到相守，你为我的所有付出我都铭记在心，正是因为你的理解和包容让我博士学位论文写作拥有了充裕的时间。我也要感谢岳母冯淑芹女士，是您在生活起居对我的呵护和照顾让我拥有了充足的精力。总之，不论什么时候，家人的支持与鼓励永远是我在学术道路上不断努力的动力和精神支柱。

郑尚植

2012 年 4 月 5 日